アセットマネジャーの着眼力

間違いだらけの不動産投資

佐々木重徳 著

中央経済社

はじめに

「名刺交換させて下さい」

都内のビジネス街で、新入社員とおぼしき若者が新人研修と称して名刺交換を求めてくる光景が話題になりました。

もちろん、彼らは社会人としての気合と根性を試されているのではありません。名刺交換をしたら最後、「カモリスト」にしっかりとリストアップされ、瞬く間に投資用マンションの営業攻勢を受けることになるのです。

悪質な投資用マンション販売業者による、「名刺交換」や「婚活サイト」を通じた不動産投資詐欺が、新手の営業手法として社会問題になっています。騙す方と騙される方、もちろん騙す方が悪いのは言うまでもありません。

しかし、騙される方にも「心のすき」や、「リテラシー不足」といった脇の甘さがあるのでしょう。近所のスーパーをハシゴして、1円でも安く買い物をしようとするタイプの人達が、不動産のような高額の買い物になると、「思考停止」になってしまうのです。

海外では、「ヤドカリ」のように、収入が増えていくにつれて相応の不動産に買い換えていくことが珍しくありませんが、日本では未だに不動産は「一生に一度の大きな買い物」です。

不動産会社などに勤務して、日常的に不動産取引や運用に携わっていない限り勘所をおさえる機会がありません。取引にあたって注意すべきポイントを見逃してしまうのです。

では、不動産のプロは失敗とは無縁といえるでしょうか？

2017年8月2日、大手ハウスメーカーの積水ハウスが、地面師詐欺にあい63億円もの大金を騙し取られたという、不動産業界を震撼させる衝撃的なニュースが飛び込んできました。

購入代金を支払ったにもかかわらず、「土地の所有者側の提出書類に真正でないものが含まれていたことから、登記申請が却下され、所有権移転登記を受けることができない事態が発生した」ということです。海千山千のプロですら、手痛い失敗をしてしまうことがあるのです。

ところで、昨今の不動産投資事情を語るにあたって、相続税対策による失敗例は避けて通れません。節税目的でアパートを建築したものの、節税額以上の損失を被ってしまったという話は枚挙に暇《いとま》がありません。

郊外の賃貸需要が見込めない地域に賃貸アパートが乱立する、そんな奇妙な光景を目にしたことがある読者も多いのではないでしょうか。

２０１７年10月に金融庁から公表された「平成28事務年度 金融レポート」によると、「不動産業向け貸出の残高の伸び率自体は、これまでの拡大局面との比較において、必ずしも高くはないものの、新規融資額は、２０１６年度は過去最高水準となっている」と、不動産業向け新規融資額の水準について指摘されています。特に、「不動産業向け貸出のうち、アパート・マンションローンは、主要行等は減少傾向であるが、地方銀行は増加傾向である」、「地方銀行のアパート・マンションローンを含む不動産業向け融資の健全性については、足下、不動産業向け貸出が金融機関の健全性に直ちに影響することはないものと考えらます。

しかしながら、アパート・マンションローンを含む不動産業向け融資は引続き増加傾向にあり、また、アパート・マンションローンは超長期の融資が多いことから、金融庁としては、引続き、賃貸住宅の需給等不動産市況の動向や借り手の属性・借入目的・返済能力等を含む金融機関の不動産業向け融資の動向について注視していく」と、特に地方銀行の不動産業向け融資について懸念が示されました。

不動産投資が、株やＦＸ投資のように一般化していくなか、安易に始めて失敗してしまったという話が増えてきました。世の中には不動産投資の指南書で溢れかえっていますが、実践してみないと分からないことだらけだからです。

本書は、資産形成や老後の安泰な生活、節税などを目的とした不動産投資の指南書ではありません。安易な不動産投資による失敗から、身を守る術を身につけることを目的としています。そのため、不動産の知識、経験がなくても理解できるよう、なるべく難しい計算式や、専門用語を使用しないよう心がけています。また、誰にでも起こりうる具体的な失敗事例とポイントを紹介していますので、読んですぐに実践することが可能です。

本書を手にとられた読者は、既に不動産投資を実践されているか、これから不動産投資を始めようと検討している方々だと思います。

ご一読されましたら、ぜひ、ご自身の案件にあてはめていただき、見落としていたポイントがありましたら、しっかりと対処していただけましたらと思います。

不動産投資の目的は、資産形成、老後の生活費の糧、節税など、人それぞれだと思いますが、本書が不動産投資にあたり、少しでもお役にたつことを祈っております。

目次

第1章

相続税対策でドツボに嵌《はま》るアパート経営

不動産投資のなかでも最もポピュラーなのが、アパート経営です。

少子化による空室リスクが叫ばれている昨今、それでもなお、アパート経営が人気の理由は、物件の選定さえ間違えなければ、他の金融商品への投資と比べ、比較的安定しているからではないでしょうか。

ところが、相続税の増税を背景に、相続税対策としてアパート経営をはじめる地主が増えるなか、アパート経営によって節税額以上の損失を被ってしまったというケースが急増し、社会問題となっています。

「アパート経営」というリアルな「事業」を、「相続税対策」という「数字の遊びの世界」と履き違えてしまうことが、要因です。

本書は、アパート経営それ自体を否定するつもりはありません。アパート経営によって、豊かな生活を手に入れた投資家は数多く存在します。軽い気持ではじめてしまったばっかりに、大きな損害を被ってしまったということがないよう、ポイントを絞って解説していきたいと思います。

1　更地にアパートを建てたけど……

Question

地方都市在住の先祖代々地主の家系です。

最近、周囲でアパート建築が相次いでいますが、賃貸需要が低いため空室だらけです。

更地にアパートを建てると相続税が下がると聞きました。

相続税対策のためとはいえ、賃貸需要が見込めない地域でも、アパート経営をはじめるメリットはあるのでしょうか?


究極のアドバイス!

☑ アパート建築により相続税は下がるが、アパート経営による損失が節税額を上回ることもある!

☑アパート経営の予算計画には、賃貸相場をきちんと織り込もう！

☑地主の投資額は建築費だけだが、売却時は土地代金を含めた利回り計算になることに注意しよう！

☑賃貸需要が見込めない立地であるなら、売却も一つの選択肢。損切りの発想を身につけよう！

平成27年度相続税改正による増税で大いに不安になった申告予備軍

平成27年度税制改正により、相続税の基礎控除が大幅に引き下げられました。具体的には、「5000万円＋1000万円×法定相続人の数」から、「3000万円＋600万円×法定相続人の数」になったのです。

仮に、法定相続人が3人（配偶者、子2人）だとすると、改正前は8000万円（5000万円＋1000万円×3人）であった基礎控除が、4800万円（3000万円＋600万円×3人）となり、3200万円も減額されてしまったのです。このため、相続税が課税される家庭が拡大し、いざ相続となったとき、これまで相続税とは無縁であった家庭についても、相続税が課税される可能性がでてきたのです。

相続税増税が「アパート経営による相続税対策」に拍車をかけた

この改正は、相続税の課税対象を拡大しただけでなく、資産家にも大きな影響を与えています。相続税は、累進課税のため、相続財産が多いほど、多額の納税が発生するからです。

財産の大部分が不動産で、現預金が少ない場合、納税資金を確保できず、相続の度に先祖代々受け継いできた土地を切り売りせざるを得ないケースが少なくありません。

古くから所有している土地は、簿価が時価に比べて著しく低いことが一般的なため、売却にあたり、多額の譲渡税が発生することが想定されます。

仮に概算取得費（土地の取得費が分からなかったり、実際の取得費が譲渡価額の5％よりも少ないときは、譲渡価額の5％を取得費（「概算取得費」）とすることができます）を採用した場合、譲渡価額の95％に対して20・315％（長期譲渡所得）の譲渡税が課税されるため、手残りは約80％となります（仲介手数料などの経費や、相続税の取得費加算は考慮外とします）。納税資金確保のためとはいえ、先祖代々引き継いできた土地を売却せざるを得ず、さらに追い打ちのように譲渡税が課せられてしまうのです。

節税を目的としたアパート経営は、古くからおこなわれてきたことであり、珍しいことではありませんが、相続税増税を背景に、これまで以上に地主に対するハウスメーカーの営業が盛んとなってきたのです。

賃貸需要の全く見込めないような地方の郊外で、雨後の竹の子のごとくアパートが建ち並ぶという奇妙な光景を目にしたことがある読者もいるかもしれませんが、その理由はここにあるのです。

アパート建築による節税のカラクリ

アパート建築による失敗例を紹介する前に、アパート建築が相続税の節税につながる考え方について簡単にみていきましょう。なお、説明は簡略化していますので、詳しく知りたい方は、専門書を参考にしていただけましたらと思います。

(1) 建物の評価

多額の現金を保有している地主が、手元現金を用いてアパートを建築したとします。このとき、「現金」という資産が「建物」という資産に代わります。

財産評価では、「時価」評価が原則ですので、現金は額面で評価します。現金1000万円の評価額は1000万円となります。

一方、建物は固定資産税評価額を基に評価します。固定資産税評価額は、固定資産税課税明細書（市町村等から所有者へ送付）で確認することができますが、概ね時価の50～60％で評価されています。

なお、賃貸アパートは「貸家」として評価されるため、固定資産税評価額に対して賃貸状況に応じて減額がなされます。

ざっくりとしたイメージではありますが、1000万円で建築したアパートの評価額は400万円程度となりますので、現金で保有している場合と比べ、600万円ほど評価額が下がるのです。

【建物評価のイメージ】

・固定資産税評価額のイメージ　1000万円×60％＝600万円

・貸家評価　600万円×70％＝420万円

(2) 土地の評価

相続税の世界では、土地は路線価で評価されます。路線価は時価（公示価格）の80％を目安に設定されています。

もっとも、土地需要の極めて低い田舎では、路線価ですら売却できないことも珍しくありませんので、注意が必要です。

ところで、更地の場合、「自用地」として評価されますが、賃貸アパートの敷地は「貸家建付地」として評価されることになります。貸家建付地は、アパートの賃貸割合や借地権割合により評価減が異なりますが、概ね自用地の80％程度で評価されるイメージとなります。

なお、アパートの敷地は、一定の要件を満たすと、固定資産税及び都市計画税が大幅に減額される、小規模住宅用地の減額の規定があります。

このように、「税金」のみに焦点を絞ると、更地で放置しているよりも、アパートの敷地として有効利用した方が有利であるといえます。

アパート経営のメリット・デメリット

アパート経営のメリットは、前述したとおり、現金が建物に代わることにより財産評価額が減額されますので、現金で保有しているよりも、相続税対策上、有利に働くという点です。

また、稼動が安定さえすれば、毎月一定の賃料収入が入ってくることも魅力的なメリットです。

一方、デメリットは、物件の値下がりによる資産価値の毀損、アパート経営の失敗、高レバレッジによるデフォルト、流動性の低下などが挙げられます。

つまり、不動産投資の失敗です。

目的のいかんを問わず、「アパート経営」をはじめるということは、決して小さくない額の「不動産投資」をはじめることにほかならないのです。

ハウスメーカー作成の予算計画

予算計画とは、地主が保有している土地に、アパート建築の初期費用、期中の収支、返済計画を織り込んだビジネスプランです。

更地に建物を建築するところからはじめますので、建築に係る諸経費、賃料収入や稼動率、賃貸経費を想定し、物件からのキャッシュフローで無理ない返済が可能かシミュレーションする必要があるのです。

ここで注意しなくてはならないのは、予算計画の実現性です。実現性が低いプランを鵜呑みにしてしまい、痛い目にあってしまった地主が少なくありません。

ここでは、予算計画のチェックポイントについて整理していきます。もし、提案されたプランの実現性が低いようでしたら、現実的なプランに見直す必要があります。

(1)　夢の満室経営プランではないですか？

予算計画で、最もありがちなのが、稼働率１００％の夢の満室経営です（家賃保証プランを除きます）。稼働率１００％ということは、空室期間がないということです。通常、入退去の際、1～2か月程度の空室期間が発生します。退去時期が、お盆やGWなど物件の動きが悪い時期に重なってしまうと、空室期間が長期化することも珍しくありません。

例えば、4年間のうち、2か月間空室があったとしましょう。たった2か月の空室期間で空室率は4.1％（2か月÷48か月）です。果たして、満室経営のプランは現実的といえるでしょうか。

都心の単身者用物件の場合、比較的安定稼動している物件も多いですが、年間通して稼働率95％を維持できていれば優良物件といえます。人気のある物件のなかには、空室になった途端に内覧せずに決めてしまう入居者もいますので、たまたま空室期間なしでリーシングできてしまうこともありますが、稼働率100％のプランは絵に描いた餅であるといえるでしょう。

(2) 賃料が一定ではないですか？

満室経営プランとならび、「予算計画あるある」が、お馴染みの賃料一定のプランです。20～30年間という長期間、賃料が下落しないということが考えられるでしょうか？

賃貸アパートについては、次の二つの特徴があります。

① 新築物件の賃料には「新築プレミアム」がのっている
② 経年とともに賃料は下落していく

新築物件は、「新築プレミアム」により、相場賃料の10%~20%くらい高い賃料がとれます。しかし、新築プレミアムは新築時の1回だけで、入居者が1回転すると、築浅物件になってしまいます。新築アパートは、最初の入居者が退去した時点で、大幅に賃料が下がり、その後、経年とともに緩やかに賃料が下落していくのです。

そのため、新築プレミアム賃料をベースに予算計画を組んでしまうと大変です。築後数年で、収支が立ちいかなくなってしまうのです。特に、借入金の返済がある場合、新築プレミアムがなくなっても、資金がまわっていくか検証することが重要です。

最近では、将来的に賃料が下落していくシナリオを組んでいるケースも増えてきましたが、賃料相場と乖離がある賃料設定になっていないか、厳しくチェックする必要があります。

(3) 敷金、礼金、更新料は取れますか？

リーシング※計画にあたり、敷金、礼金、更新料を忘れてはいけません。ハウスメーカー作成の予算計画には、これらが織り込まれていないことが一般的です。これらの諸条件は、地域の商慣行、物件の築年数、立地により様々です。

また、一般的には礼金が取れるケースであったとしても、稼働状況によっては、申込者からの交渉に応じざるを得ない局面もあるでしょう。

いずれにしても、想定要素が多いため、予算計画に織り込むのは簡単なことではありませんが、最低限、キャッシュフローにどのような影響を与えるか、おさえておくべきポイントを掲げておきましょう。

※リーシングとは、一般的にはリース業務や賃貸業務のことを指す言葉ですが、不動産業界では、賃貸物件の仲介業務を主として、マーケティングや収益性を確保するためのサービス業務などを含む仕事をいいます。

① 敷金

敷金は退去時に返済義務がありますので、当然ながら収入ではありません。しかし、退去時の入居者負担のクリーニング費用等は、敷金と相殺して精算することが一般的ですので、入居時に預かっておけば取りっぱぐれることはありませんし、退去時の手続きもスムーズです。

また、敷金を預かっておくことにより、賃料滞納や夜逃げリスクの一部を担保することができます。

賃貸需要が弱い地域では、敷金・礼金なしの、通称ゼロゼロ物件が増えていますので、敷金が取れない地域では、予算計画に不測の支出を織り込んでおきたいところです。

なお、敷金を使い込んでしまうと、退去が相次いだ際の資金繰りが苦しくなりますので、きちんと資金管理をしておくことが重要です。

②　礼金と広告料

礼金は、オーナーの収入となりますので、礼金が取れるか否かは、アパート経営にとって大きな問題です。

不動産業者にリーシングをお願いすると、通称「ＡＤ」と呼ばれる広告料を、手数料として不動産業者に支払うことが商慣行となっています。なお、入居者から仲介手数料をとる一方、オーナーからも広告料という名目で手数料を取ることの妥当性についてはここでは議論しません。

広告料は、都内の人気のある物件であれば賃料の1か月程度ですむこともありますが、北海道など借手市場の地域では賃料の2か月以上が標準、場合によっては3～4か月ということも稀ではありませんので、オーナーにとっては痛い出費です。

仮に広告料が1か月であれば、礼金と相殺（正確には広告料にかかる消費税分がオーナーの持ち出しとなります）され、収支としては「いってこい」になります。

一方、礼金が取れない場合、広告料が丸々オーナーの持ち出しとなってしまい、キャッシュフローが悪化してしまいます。

したがって、礼金については、事前にしっかりと確認する必要があります。なお、「新築プレミアム」により新築時のみ敷金、礼金を取れるものの、2回転目からはゼロゼロでないと賃貸募集できないような地域もありますので、こちらも併せてしっかりとリサーチしましょう。

ところで、広告料が高いということは、借手市場でリーシングに苦戦することを意味しています。長期間の空室と多額の広告料のダブルパンチで、そもそもアパート経営が成り立たない地域もありますので、このような地域ではアパート経営に手を出さないのが賢明ではないでしょうか。

③ 更新料

賃貸借契約の更新の際、更新料が設定されていることがあります。都内では更新料は賃料の1か月分が一般的で、オーナーと賃貸管理会社が折半することになります（正確には、全額がオーナーの収入となり、半額を更新手数料として賃貸管理会社へ支払います）。つまり、更新料の半分がオーナーの臨時収入となるのです。

一方、更新料なしの契約の場合、更新時に、賃貸管理会社への更新手数料がオーナーの持ち出しとなってしまいます。

賃料の半月分くらい問題ないだろうと軽く考えていたものの、いざアパート経営をはじめたところ、更新手数料の支払いを思いのほか手痛い出費と感じるオーナーが少なくありません。

契約期間満了時に確実に手数料を取りたい場合、定期借家契約という選択があります。定期借家契約であれば、契約のまきなおし時に手数料を取ることができるからです。

ただし、普通借家契約と比べ賃料が低めとなる傾向がありますので、近い将来に建替えを予定しているような場合など、状況によって使い分けるとよいでしょう。

アパート経営は「不動産投資」と「会社経営」の観点が必要

相続税が増税になって以来、これまで以上に地主によるアパート建築が増えてきました。うまく節税につながり、アパート経営も好調という「幸運」な地主も数多く存在しますが、その陰には相続税の節税にはつながったものの、アパート経営に失敗してしまい、節税額以上の損失を被ってしまったという地主も少なくありません。

借入金の負担が重く、会計上の利益はでているものの、資金がまわらず、泣く泣く虎の子のアパートを売却せざるを得ないというケースも増えています。

繰り返しになりますが、アパート経営は「不動産投資」にほかなりません。アパート経営は、不動産賃貸業という「会社経営」であり、経営センスが問われます。不動産投資の視点なしにアパートを建築することは、地図を持たずに航海に出るようなものです。更地にアパートを建てれば、相続税が下がって、なおかつ「毎月チャリンチャリン」という甘い商売ではないのです。

ここ最近、アパート経営の失敗例が急増していることもあり、経済誌などでもアパート経営のリスクについて取り上げられることが増えてきました。

なかには、アパート経営に対して、過度に否定的な論調も散見されますので、心配になってしまうオーナーも少なくないのではないでしょうか。

しかし、アパート経営のリスクとして取り上げられているのは、特段目新しいことはなく、不動産投資という観点からみると一般的であり、初歩的な内容です。アパート経営にあたっては、不動産投資と会社経営の両面から検証することを忘れてはなりません。

地主による「アパート経営」の最大の盲点

地主によるアパート経営の失敗例は枚挙に暇《いとま》がありません。既に土地を保有しているため、追加投資は建築費だけですので、一棟アパートに投資するよりも投下資本の回収期間は短いはずです。一般的な投資家よりも極めて有利な立場にいる（と思われる）はずの地主が、なぜアパート経営に失敗してしまうのでしょうか？

実は、地主によるアパート経営失敗の原因は、既に土地を保有していることにほかなりません。なにやら禅問答のようになってきましたので、具体的に説明していきましょう。

(1)　立地調査の重要性

もし、土地を購入して新たに収益物件を建築するとした場合、何が最も重要でしょうか？　建築する収益物件はアパートに限らず、店舗、オフィス、シェアハウス、旅館、ホテル等々、なんでもかまいません。

多くの人が、「立地」と答えるのではないでしょうか。店舗であれば商圏、人の流れ、想定している業種の適合性、競合店の状況などを納得いくまで分析するはずです。高級ブランド店や高級レストランを開店したい経営者が、ロードサイドの広い土地を選ぶでしょうか？　ロードサイドの土地に適しているのは、コンビニやファミレス、焼肉店やホームセンターです。業種によって適している立地条件が異なります。

また、ホテルや旅館を建築する場合、それなりの広さの土地が必要となりますが、単に広い土地を安い価格で取得することができるからといって、あえて閑散とした地域を選ぶでしょうか？　宿泊者にとって利便性のよい、観光地や鉄道へのアクセスに優れる立地を選ぶはずです。

立地が重要となるのは、店舗やホテルだけではありません。アパート経営も、他の競合物件と入居者を奪い合う「事業」ですので、「立地」の選択が重要となるのです。

(2) いまある土地を活用したい

一方、地主の場合は発想が真逆となります。既に土地を保有しているがゆえに、「保有している土地を活用したい」という視点で事業がスタートしてしまいがちです。

そこには、商売をはじめるのに最も重要な視点の一つである「立地」が抜け落ちてしまっているのです。

多くの地主に共通しているのが、「先祖代々引き継いできた土地を守りたい」という意識が非常に強いことです。土地への思い入れが強いため、遊休地や不要な土地を売却して、立地のよい物件に買い換えたり、納税資金確保のために不要な土地を売却するといった経済合理的な行動をなかなかとれないのです。

「土地を手放さないため、最悪、一部の土地を手放すとしても最小限に留めるには相続税の負担をなるべく減らす必要がある。だから、相続税対策としてアパートを建築する」という、結果ありきの発想に至ってしまうのです。

保有している土地が、賃貸需要の高い地域であれば問題ないのですが、アパートを建築する土地が郊外の賃貸需要が見込めない地域や、賃貸アパートの供給過多の地域であると大変です。

長期間の空室でアパート経営が破綻してしまい、建築費として金融機関から融資を受けた借入金の返済が困難となり、最終的にはアパート（土地、建物）を手放さざるを得ない状況に陥ってしまうのです。

先祖代々引き継いできた土地を手放さないためにアパート経営をはじめたものの、アパート経営が破綻してしまい、土地を手放すことになってしまうという、なんとも皮肉な結果となってしまうのです。

アパート経営をはじめるときには、株式投資における「損切り」の発想を意識してみてはいかがでしょうか。

仮に、大きな含み損を抱えている銘柄を保有していたとします。断腸の思いで損切りするか、それとも我慢して保有し続けるか。

この難問に対する答えは極めてシンプルです。いま、その銘柄は割安のため絶好の買い場だと判断するなら継続保有、割高で購入を見合わせると判断するなら売却です。

損切りの発想をアパート経営に当てはめてみましょう。

いま保有している土地を持っていないと仮定して、その土地を購入してアパートを建築したいと判断するなら、アパート経営をはじめるのも悪くないかもしれません。

一方、あえてその土地を購入してアパート経営をはじめたいと思わないのなら、アパート経営をはじめる経済合理性はないと言えるのではないでしょうか。

レッツ トライ！

☒アパート建築による節税メリットを計算してみよう！
☒地元不動産業者に、賃貸相場をヒアリングしてみよう！
☒予算計画に賃料相場を反映させてみよう！　エクセルでいくつかシナリオを設定してみよ

う！

☒全く需要のない土地であれば、思い切って売却も検討してみよう！

2　家賃保証のハシゴをはずされて……

Question

アパート経営をはじめようと考えています。管理が煩わしいので、家賃保証契約にしようと思っているのですが、家賃保証契約の注意点を教えてください。

究極のアドバイス！

☑サブリース事業の本質は、「さやを抜く」商売。保証家賃が相場より高いと、将来的に減額されることもあるので注意しよう！

☑ 家賃保証がはずれてしまうとリーシングが困難な立地であれば、アパート経営を見合わせよう！

家賃保証をめぐるトラブル

昨今、アパート経営で問題視されているのが、ハウスメーカーの家賃保証です。

アパート建築後、ハウスメーカー（または、その関連会社）がオーナーから物件管理を受託するとともに、オーナーに対して一定額の家賃を保証する契約で、サブリースと呼ばれています。

サブリース契約では、オーナーはアパートの稼働状況にかかわらず一定額の賃料が保証されるため、空室リスクを回避できるメリットがあるとされています。では、なぜサブリースが問題となるのでしょうか？

大手サブリース業者を相手取って起こされた訴訟がここ数年相次いでいます。報道された一部を紹介します。

【「10年不変」のはずが、6年で減額された事案】

家賃収入は10年間変わらないという契約でアパートを建てたのに、6年後に減額されたとして、愛知県の男性が大手サブリース業者を相手に、減額分の支払いを求める訴訟を２０１７年２月名古屋地裁半田支部に起こしました。

訴状などによりますと、男性は２階建てアパートを建て、２００５年１月に、「30年間、賃料は減額しない」との説明を受け、同社と月額77万７８００円のサブリース契約を結びました。

契約書では、「賃料は当初10年間は不変」と明記されていましたが、リーマンショックによる経営難を理由に２０１１年10月に約10万円の減額を同社から求められ、男性はやむなく受け入れました。

その後、同社の業績が回復したにもかかわらず、賃料が戻らないことから、男性は賃料の増額と、交渉を始めた２０１６年７月からの差額約81万円の支払いを求めています。

２０１６年９月、国土交通省は、このようなトラブルの防止を目的に、契約時に「将来は家賃が減る可能性がある」との説明をサブリース業者に義務付けました。

サブリース契約のメリット・デメリット

訴訟内容について検証する前に、サブリースの契約形態についておさらいするとともに、メリット、デメリットを考察してみましょう。

サブリース契約は、まず、ハウスメーカーがオーナーからアパートを一括借上げして、ハウスメーカーが入居者（エンドテナント）を募集し、ハウスメーカーと入居者の間で賃貸借契約を締結することになります。

よって、オーナーは、アパートの稼動状況にかかわらず、毎月一定額の賃料をハウスメーカーから受け取ることになります（**図1**）。

一見すると、オーナーにとって空室リスクが全くない夢のような契約にみえますが、世の中そんなに甘くはありません。

【図1】

ハウスメーカーが経済合理的な行動をとるとすると、オーナーがハウスメーカーから受け取る賃料は、空室リスクを考慮した賃料となるはずだからです。

仮に、相場賃料を100としましょう。このとき、オーナーがハウスメーカーから受け取る賃料は入居者からの賃料100ではなく、（永遠に稼働率100％はあり得ないため）空室リスクを加味した賃料（ここでは80と仮定します）で設定されます。

ハウスメーカーにとって差額の20がバッファとなっているため、空室率20％であればトントン、稼働率を向上させることにより「サヤを抜く」ことができます。

サヤを抜くというとちょっと聞こえが悪いかもしれませんが、自ら空室リスクを取り、稼働率を向上させるという経営努力により利益を最大化させることは、サブリース業者の本来の姿であり、ビジネスとして批判されるべきものではありません。

このような契約形態は、ホテルや介護施設といったオペレーションアセットで多く見かけられます。

家賃保証されていても減額されるのはなぜ？

ここで、先の訴訟に話を戻しましょう。記事によると、当初10年間は賃料の減額をしない旨が契約書に明記されていたにもかかわらず6年後に減額されたとのことです。ここでのポイントは二つ挙げることができます。1点目は、契約上減額ができることが有効であるか否か、2点目は、なぜ賃料を減額せざるを得ない事情になったのかという根本的な問題です。

(1) 家賃保証は砂上の楼閣

長期間の家賃保証が付されているサブリース契約について、借地借家法の適用の有無等については、判例（平成15年10月21日第三小法廷判決・民集57巻9号1213頁、判例時報1844号37頁）によると、「①サブリース契約についても借地借家法第32条第1項の規定が適用される、②サブリース契約締結後、借地借家法第32条第1項に基づいて賃料減額の請求をした場合において、その請求の当否及び相当賃料額を判断するに当たっては、当事者が賃料額決定の要素とした事情その他諸般の事情を総合的に考慮すべき」とされています。

「家賃保証」というと、契約期間中は当該家賃が保証されると受け取ってしまいがちですが、サブリース契約自体は法的には賃料減額が可能となるのです。

今回の訴訟において、ハウスメーカー側としては、経営難に加え、サブリース契約において借地借家法が適用されることを根拠として賃料を減額しています。

一方、10年間（～30年間の長期間）「家賃保証」がされることを前提としてアパートを建築したオーナー側としては、たまったものではありません。

借入金がある場合、家賃保証のハシゴをはずされてしまうと、資金繰りに窮してしまい、アパートを手放さざるを得ない状況に追い詰められてしまうこともあるでしょう。

訴訟の成り行きが注目されています。

(2) 保証家賃は適正なのか？

前述したとおり、サブリース事業の本質はサヤを抜くことです。

つまり、サブリース業者は相場よりも安い賃料（80）で物件を借り、入居者に相場賃料（１００）で賃すことにより、その差額（20）が収益となるのです。

サブリース事業がうまくいっていれば、そもそも賃料減額という話がでてくる余地はありません。賃料減額の問題が発生するのは、次の２つのケースが考えられます。

① ハウスメーカーの賃料が高い場合（家賃(a)≧１００）

② 入居者からの賃料を過大評価していた場合（家賃(b)≦80）

まず、①のケースについて考えてみましょう。ハウスメーカーがオーナーに支払う家賃(a)が入居者の支払う家賃(b)と同額だったとしましょう（**図2**）。

この場合、満室稼動で収支はトントン、いったん空室になると赤字になってしまいます。仮に家賃(a)が家賃(b)よりも高い場合、稼働率にかかわらず、既に逆ざやの状態です。

経済合理的なサブリース業者であれば、通常、このような逆ざやになる賃料設定をすることは考えられませんが、ハウスメーカー設定の家賃ではこのようなことが起こりうる可能性があります。その理由は、ハウスメーカーは建築利益を享受しているからです。

アパートの建築費には、30％程度の利益がのっていると言われています。そのため、その利益の一部を保証賃料に還元させることが可能となり、その分、オーナーの利回りの見栄えがよくなります。

【図2】

ただし、このような歪《いびつ》な状況は長続きしません。入居者からの家賃(b)について、新築プレミアムが解消され、いったん下がってしまうと、逆ざやのスプレッドが拡大してしまうからです。

これが、ハウスメーカーが保証賃料の支払いに窮して、保証賃料の減額交渉をしてくるきっかけとなります。このため、家賃(a)の適正性については、「家賃保証」という言葉に安心せずに、慎重に検証する必要があるのです。

次に、②のケースを考えてみましょう。入居者の支払う家賃(b)は１００ですので、賃料設定について逆ざやは発生しておらず、一見問題がないように思われます。

しかし、想像以上にリーシングに苦戦してしまったとしましょう。仮に空室率が80%だとすると、入居者から受け取る家賃は80となり、収支はトントン。空室期間が長期化してしまうと、収支が逆ざやとなってしまいます（**図3**）。

【図3】

オーナー

家賃 (a) 80　↑⇕　サブリース契約

ハウスメーカー

家賃 (b) 100　↑⇕　賃貸借契約……空室率 20%（100×80%＝80）

入　居　者

このケースは、相続税対策で、賃貸需要の見込めない郊外にアパートを建ててしまったときの典型的なケースです。

この場合も、ハウスメーカーとしては家賃(a)の負担を長期間継続することが困難となり、減額交渉をするきっかけとなってしまうのです。したがって、「家賃保証」がされている場合においても、サブリース契約が解除された場合を想定し、家賃(a)だけでなく、空室率を考慮した入居者からの家賃(b)を検証する必要があるのです。

以上のとおり、サブリース契約により「家賃保証」がされている場合においても、アパート経営をする場合は、賃貸需要、賃料相場等をしっかりとリサーチしておくことが重要となるのです。

レッツ トライ！

☒ 保証賃料に無理がないかチェックしよう！

☒ サブリースがはずれたときの予算計画を作成し、資金繰りに無理がないかチェックしよう！

第2章

働いている環境で投資スタイルが変わる

一口に収益物件といっても、ワンルームマンション、アパート、一棟マンション、事務所ビル、駐車場、底地、介護施設やホテルといったオペレーションアセット、シェアハウスやシェアオフィスといったシェアリングエコノミー型の物件、区分所有オフィス、太陽光やコインランドリー投資といった変化球、最近では民泊目的のゲストハウスなど幅広く存在します。

これだけ選択肢があると、いざ、不動産投資を始めようと思っても、「どんな物件が良いのだろう？」という難問にぶつかります。

５億円の１棟マンションを割安で購入できるチャンスがあったとしても、サラリーマンにはなかなか手が届かないのが現実です。

仮に、フルローンに近い融資を受けることができたとしても、５億円という大金は、一介のサラリーマンにコントロールできる金額ではありません。何か不測の事態がおきたとき、給与収入でなんとかできるレベルではありません。

同様に、富裕層にとって、いくら利回りが高い物件であったとしても、数百万円の少額物件は、管理の手間が煩雑になる割には投資効率がよいとはいえません。それぞれの働く環境や職業などのその人の属性によって、「投資スタイル」が異なるのです。万人に共通の不動産投資手法はなく、それぞれの戦略は異なるのです。

1　サラリーマン

アベノミクス景気以降、サラリーマンの間で不動産投資が空前のブームになっています。書店の投資コーナーの一角は、「カリスマサラリーマン大家」による独自の投資理論で溢れかえっています。

約20年前、まだJ－REITも上場しておらず、サラリーマン向けの不動産投資の指南書はほとんど見かけることはありませんでした。ロバート・キヨサキによる『金持ち父さん貧乏父さん』シリーズが発表されて以降、サラリーマンの間でも資産運用の気運が高まり、これを契機に不動産投資を始めたサラリーマンは少なくありません。

サラリーマンの間で不動産投資が拡がったのには、れっきとした理由があります。サラリーマンという職業は不動産投資と非常に相性がよいからです。サラリーマンと不動産投資の相性について、マイホームを例にみていきましょう。

サラリーマンの信用力

究極のアドバイス！

☑「サラリーマン」という職業は意外にも絶大な信用力があることを肝に銘じろ！

☑「借金」の大きさは「信用力」の大きさの裏返しでもある！

☑したがって、融資をうけるなら脱サラ前にしろ！

サラリーマンによる不動産投資の典型例がマイホーム購入です。日本では、長らく超低金利が続いていますので、住宅ローンによるマイホームの取得は極めて有利な取引といえます。

最大の難点は、給与収入から多額の返済をしなければならないため、売却を想定しない場合、経済的な自由度が縛られてしまうことでしょうか。

かつては、結婚してマイホームを取得して……という価値観が当然の風潮として受け入れられてきましたが、生活スタイルや価値感の変化に伴い、マイホーム購入に対して否定的な意見が増えてきたのは、興味深いところです。

ちょっと話が脱線しましたが、マイホーム購入は、給与という「サラリーマン債権」を担保（証拠金）として、その何倍もの取引をおこなう、レバレッジを効かせた信用取引の典型例にほかなりません。

では、なぜ、サラリーマンは年収の何倍もの不動産を購入することができるのでしょうか？

それは、サラリーマンの「信用力」にほかなりません。

最近では終身雇用制が崩壊してしまい、大手企業勤務といえども将来の安定が約束されているわけではありませんが、それでもなお、毎月安定的に給与が支払われるサラリーマンの信用力は盤石で、特に大手企業勤務のサラリーマンや公務員の信用力は絶大です。

脱サラをして自営業者になった途端にクレジットカードすらつくれなくなり、改めてサラリーマンの信用力を肌で感じたという話をよく耳にします。

借金というと、ネガティブなイメージがつきまといますが（そういう意味では、「住宅ローン」というネーミングはよくできていると思います）、借金ができるということは信用の裏返しであり、借金の金額は信用力の大きさにほかなりません。

つまり、融資を受けられる金額が大きいほど、信用力が高いといえるのです。

レッツ トライ！

☒ 不動産投資を始める前に、いくら融資を受けることができるか把握しよう！
☒ 融資金額が給与の何倍か確認してみよう！
☒ 既に不動産融資（住宅ローン含む）を利用している人は、レバレッジを計算してみよう！

二つの不動産投資スタイル「カメさん方式」と「ウサギさん方式」

究極のアドバイス！

☑ 「カメさん方式」で、地道にコツコツ手堅いスタイルを志向しよう！
☑ 一攫千金を狙うには「ウサギさん方式」一択！
☑ 時間を最大限味方にしよう！
☑ 家賃収入だけでなく、給与収入から繰上げ返済をおこなおう！

(1) 地道にコツコツ「カメさん方式」

サラリーマン最大の武器は、その信用力といえますが、そのメリットを最大限活かした不動産投資スタイルを考えてみましょう。

サラリーマンのメリットは次の３点になります。

① 給与収入

② 雇用の安定性

③ 金融機関からの融資

一般の事業と同様に、不動産投資事業を拡大していくには、スピード感が重要となります。

事業の拡大スピードを速めるには、金融機関からの融資は欠かすことができません。この借入金の返済の裏付けとなるのが、毎月安定した給与収入となります。

サラリーマンは、「給与収入」という武器を最大限利用することにより、堅実な不動産投資が可能となります。なぜなら、空室等により物件の収支状況が一時的に悪化してしまっても、給与収入から補填することができるからです。

「メガ大家」を志向するサラリーマンは、信用力の大きさを活かして、フルローン、もしくは取引コストを含めたオーバーローンを好みます。確かに、飛躍的なスピードで資産規模は膨らみますが、サラリーマンというポジションを上手に利用した取引とは必ずしもいえません。

レバレッジが高すぎるため、キャッシュフローが回らなくなった途端に破綻してしまう、潜在的なリスクを抱えることになるからです。

投資というよりは、ギャンブルに近いのではないでしょうか。だからこそ、運良く成功したときは、サラリーマンを卒業できるだけの富を築けるため、メガ大家を志向するサラリーマンは跡を絶ちません。

不動産投資をはじめたばかりのサラリーマンが、ブラック企業（?）を一刻も早く脱出したいがために、地方の高利回りの木造アパートや戸建住宅を、ほぼフルローンで無理に買い集めて脱サラするケースが増えてきました。

このような投資スタイルを否定するつもりはありませんが、空室によるキャッシュフローの毀損や、資産価値の減少など、運用にあたって苦労も耐えないようです。

では、ギャンブルではない、サラリーマンの理想の不動産投資とはどんなスタイルが考えられるでしょうか?

ここでは、サラリーマンのポジションを最大限利用した手堅い投資スタイルとして、小さな物件から始め、コツコツ1物件ずつ増やしていく方法を紹介したいと思います。その地味で堅実なスタイルにちなんで、「カメさん方式」と呼ぶことにしましょう。

まず、最初の物件はワンルームマンションなどの少額物件を選択し、30％程度は自己資金を用意します。

融資条件は、金利は可能な限り低く、借入期間は可能な限り長期間で交渉します。金利は高くても4％（理想的には2％以下）、借入期間は30年くらいほしいところです。金融機関からの借入金は、家賃収入の範囲内で余裕をもって返済できるスケジュールにすることは言うまでもありません。

重要なのは、メガ大家のように、急いで2物件目、3物件目と増やしていくのではなく、最初の物件の借入金の早期返済に注力するのです。

具体的には、家賃収入からの約定返済に加え、給与やボーナスを原資に、完済するまでひたすら繰上げ返済をおこなうのです。金融機関によっては、余計な手数料がかかってしまうこともありますが、長期間にわたって金利を支払うことと比べれば、たいした出費にはなりません。

端的にいうと、家賃収入と給与収入のダブルインカムで借入金の早期返済をおこなうのです。

無事に最初の物件の借入金を完済したら、次の物件を購入し、2物件の家賃収入と給与で返済。2物件目の借入金を完済したら3物件目……といった具合に、地道に物件を増やしていくのです。

この投資スタイルは、最初の物件の完済が、一番しんどい最大のハードルになります。物件が増えていくにしたがって、返済スピードが増していき、雪だるま式に物件が増えていくことになります。手堅い投資スタイルではありますが、初期段階の事業拡大スピードが遅いことや、不動産を購入できるタイミングが必ずしも不動産市場が落ち込んでいる時期に重ならないといったデメリットは否めません。

また、「カメさん方式」は、時間を味方にする必要があるため、早いタイミングで始めることがポイントともいえます。時間はかかりますが、堅実な投資スタイルです。

(2)　一発ドカンの「ウサギさん方式」

次に、「ウサギさん方式」、いわゆる「サラリーマンで資産10億円」を志向する、「メガ大家」的な投資スタイルについて検証してみましょう。

「ウサギさん方式」は、レバレッジを目一杯効かせて資産を膨張させていく投資スタイルです。金融機関からの融資はフルローン、もしくはオーバーローンが基本です。

可能な限り手元資金を使わずに資産を積み上げていきますので、あっという間に資産規模が拡大します。手元資金に限界があるサラリーマンが、短期間で効果的に資産を膨張させる唯一の方法と言っても過言ではありません。

目一杯レバレッジを効かせて資産規模を拡大するなら、手間のかかる不動産でなくてもよいのではないかという疑問が生じると思いますが、理由は単純明快です。

株やFXでレバレッジを目一杯効かせた場合、経済情勢により瞬間風速的に相場が乱高下すると、即ゲームオーバーになってしまうリスクが高いのです。

その点、不動産は瞬間的に相場が乱高下するようなことはないため、朝目を覚ましたら破産していたということはあまり想定できません。レバレッジが高くても、「相場の動きが気になり夜も眠れない」といった状況にまでは追い込まれない点が、不動産が好まれている要因の一つです。

しかし、本質的なリスクがないことを意味しているわけではありません。

株やFXであろうが、不動産であろうが、レバレッジ相応のリスクを抱えていることは変わりません。相場が乱高下しないため、リスクに鈍感になってしまうという大きな落とし穴が存在しているのです。

「ウサギさん方式」最大のリスクは、資金ショートリスクです。

レバレッジが高過ぎると、毎月の約定返済が重くなり、空室や大規模修繕が重なってしまったとき、資金ショートする可能性が高まります。資産規模が大き過ぎるため、とてもじゃありませんが、給与収入で補填できるレベルではありません。

デフォルトにより物件を売却せざるを得ない状況になってしまったときに、不動産市況によってはローンを完済できず、不動産を失い、借金だけが残ってしまうという最悪の事態が発生し得るのです。

一方、「ウサギさん方式」にも、当然メリットがあります。

不動産価格の高騰時には、もの凄いスピードで資産が膨張します。実際、金融危機後の不動産価格の低迷時、レバレッジを目一杯かけて投資物件を購入し、アベバブル相場で多額のキャピタルゲインを得て、悠々自適の生活を送っている脱サラ大家は少なくありません。

複数の物件を購入していたサラリーマンの中には、いくつかの物件を売却することにより、残りの物件の借入金を完済し、手元には借入金のない物件だけ残すという戦略をとっている者もいます。破綻すれすれの綱渡り経営から、一転、自己資本比率１００％の優良経営へと驚くべき変貌をとげたのです。

もっとも、このような投資スタイルは、一種のギャンブルとも言えますので、理屈は理解できたとしても、万人が真似できるものではありません。

レッツ トライ！

☒「カメさん方式」と「ウサギさん方式」は、真逆の投資スタイルです。両者の違いを理解し、自分に向いた投資スタイルを確立しよう！

2 富裕層

究極のアドバイス！

☑「資産運用」が目的の場合、選択肢は無限に広がる！

☑富裕層になると、アセットアロケーションの重要性が高まる！

☑外貨の保有比率を上げるため、海外不動産も有力な選択肢となる！

☑「節税」目的の投資は否認リスクを伴うため、慎重な判断が必要となる！

富裕層（地主を除きます）の不動産投資は、主に純粋な資産運用と、節税目的に大別されます。

純粋な資産運用の例になりますが、若くして株式投資で財をなした個人投資家が、秋葉原の商業ビルを現金一括購入したことが、ニュースに取り上げられました。

これまで株式に一極集中していた資金の一部を、不動産に振り分けたのです。一部報道によると、約100億円もの高額物件を現金一括で購入したそうです。

この個人投資家に限らず、上場企業のオーナー一族、成功した芸能人やスポーツ選手が、資産管理会社を設立し、資産運用をおこなうことは珍しいことではありません。

収益物件には様々なアセットタイプがありますが、彼らは、その資金力を武器に、無限の選択肢を持っているといっても過言ではありません。

高利回りであるものの、遵法性に抵触するため融資が難しいような物件や、J－REITや不動産ファンドが購入するような高額物件すら検討の土俵に上がります。

投資家としてのレベルが突き抜けているため、一般の個人投資家にはあまり参考にならないことは否めません。

富裕層による、節税目的のための不動産投資として、最近では海外不動産やタワーマンションが話題になっています。
本書は節税スキームの解説本ではありませんので、詳細は税務の専門書に譲りたいと思いますが、税務当局も目を光らせはじめ、手を打ち出していますので、今後の動向から目が離せませんね。
いずれにしても、租税回避を目的としたスキームの場合、税務上否認されるリスクがあることは、頭の片隅に置いておきましょう。

レッツ トライ！

☒ 資産のうち、不動産への配分割合を決定しよう！
☒ 選択肢が多いがゆえに情報が氾濫するため、期待利回りや好みのアセットタイプを整理しておこう！

3 地主

究極のアドバイス！

☑ 現預金の少ない地主は、納税資金の確保に注意しよう！
☑ 「相続税対策」のためのアパート経営は慎重に検討しよう！
☑ アパート経営で節税額以上の損失をだすのは本末転倒！

地主と前出の富裕層、一見すると区別が簡単ではありません。実際、地主＝富裕層であるケースも少なくありませんが、ここでの「地主」とは、賃貸収入が主な収入源となる、「先祖代々の土地持ち」と定義します。

地主は、総資産に占める土地、建物の比率が高く、手元現金にそれほど余裕がないのが特徴です。金融機関から融資を受けているため、借入金比率が高く、実態は自転車操業といったケースも見受けられます。

相続にあたり、資産規模に占める現預金割合が少ないため、納税資金の確保に苦労するといったケースも少なくありません。資産規模からは想像できないくらい、地味な生活を送っている地主はこのケースです。

そのため、地主の不動産投資は、「資産運用」よりも、「節税対策」を目的とするケースが多いのではないでしょうか。

「節税対策」のための不動産投資の典型例がアパート建築です。具体的には第1章で触れたとおりです。

相続ビジネス拡大の影響もあり、アパート建築による失敗例が問題となっています。アパート建築によって節税にはつながったものの、アパート経営で節税額以上の損失をだしてしまい、結果として何もやらなければ良かったという話が後を絶ちません。

後世に先祖代々の土地を遺すことを目的としたにもかかわらず、相続対策が裏目にでてしまい、代々受け継いできた資産を失ってしまう地主が増えてきているのです。

レッツ トライ！

☒ 相続税試算をおこなって、納税資金を把握しよう！

☒「節税目的」のためのアパート建築であっても、アパート経営単体で黒字になるか試算しよう！

4 自営業者

究極のアドバイス！

☑ 現金購入が大前提！
☑ 脱サラしたら融資条件がシビアになる！
☑ 既に起業しているのなら、不動産投資の前に本業で稼ぐことに集中しよう！

一言で自営業者といっても、個人事業規模から、富裕層まで幅広く存在します。ここでは個人事業程度の自営業者について検証してみます。

結論からいうと、多くの自営業者が、不動産投資においては苦戦を強いられます。

不動産投資の「伝家の宝刀」、金融機関から融資を受けるハードルが高いのです。金融機関からのクレジット（信用力）が低いため、融資の可否から、金利・融資金額・融資期間などの諸条件が、サラリーマンと比べ、厳しいのが一般的です。

脱サラを予定しているサラリーマンが、在職中に金融機関から可能な限り融資を受けて不動産を購入するのはこのためです。

よって、自営業者の不動産投資スタイルは、脱サラ前に物件を購入しておくか、商売で成功した資金で購入するかという二択になります。

比較的現役期間が短いと言われる外資系金融機関に勤務しているビジネスマンのなかには、クレジットの高い在職中に不動産投資をおこなっている人が少なくありません。ワンルームなどの小さな物件は、在職中は収益物件として運用できますし、脱サラ後は自分のオフィスとして使用することができるからです。

レッツ トライ！

☒ 不動産投資をするなら、絶対に脱サラ前に検討しておこう！
☒ 厳しい融資条件での無理な不動産投資はやめておこう！

第3章

これだけは押さえておこう！

この章は、本書を読み進める上で、知っておいた方が、より早く、より深く理解ができる、と思われますが、明らかに、堅苦しい、ちょっと難しい内容なので、ご容赦ください。

執筆を始め、第1章、第2章と書き進めていくにつれ、やはり、こうした章も必要かな…？と、迷って、迷った挙句に、ご用意しました。

ご存知の方は、読み飛ばしてください。第1章、第2章をお読みになって、ちょっとわからない言葉やしくみにつまずいた方は、ぜひともお読みください。

つまり、この章は、「もし、知らなければ、これは覚えておいた方がお得ですよ」というような補足的な章です。

1　収益還元法のしくみ

究極のアドバイス！

☑ 不動産投資の魔法の公式を押さえよう！

不動産の評価手法の一つとして、「収益還元法」という、不動産の収益性を基に物件価格を査定する手法があります。収益物件の検討にあたって、収益還元法の理解は避けて通れません。

しかし、不動産投資にあたっておさえておくべき計算式は、この「魔法の公式」一つだけと言っても過言ではありません。

いきなり公式の説明になってしまい、ちょっと身構えてしまうかもしれませんが、算式は次のようにいたってシンプルです。

【収益還元法の公式】

収益÷利回り＝価格

この公式を、設例にあてはめて価格を査定してみましょう。収益100万円を利回り5.0％で割ると2000万円と査定されます（設例1）。収益、利回りが妥当であることが前提とすると、この物件の売値が2000万円未満であれば割安、2000万円を超えていたら割高と判断できます。

収益還元法という、ちょっと仰々しい名称ですが、電卓一つで簡単に査定できることがわかります。

■設例1

収益　100万円／年

利回り　5.0％

価格　100万円÷5.0％＝2000万円

この公式は、単に価格を査定するときだけに用いられるわけではありません。むしろ、この公式が本領を発揮するのは、次のように利回り算出の式に変形したときです。

【利回りを求める算式に変形】

収益÷価格＝利回り

設例1と同様の金額で、利回りを算出してみましょう。収益100万円を、物件価格の2000万円で割ると利回りは5.0％になることが分かります（設例2）。

利回り4.0％くらいの物件を探している人にとっては、この物件は悪くありませんが、利回り7.0％くらいの物件を探している人にとっては、この物件は割高という判断になるのです。

■設例2

収益　100万円／年

価格　2000万円

利回り　100万円÷2000万円＝5.0％

最後に、この公式を、収益を求める式に変形してみましょう。

【収益を求める算式に変形】

収益＝価格×利回り

物件価格の2000万円に、利回り5.0％を掛けると、収益は100万円になります（設例3）。空室物件であるにもかかわらず、「売値2000万円、利回り5.0％！」というような、売値と利回りが記載されている物件チラシを目にすることがあると思います。

この場合、不動産業者が年間収益を100万円と見積もって、利回りを想定しているのです。もし、年間収益84万円が相場であれば、売値の2000万円は割高という判断になります。

■設例3

価格　2000万円

利回り　5.0％

収益　2000万円×5.0％＝100万円

以上のように、収益還元法の公式一つおさえてしまえば、価格、利回り、収益を簡単に算出することができるのです。これが、「魔法の公式」たる所以です。

いきなり計算式が出てきてしまいましたので、最初は慣れないかもしれませんが、収益物件専門サイトなど、「生きた教材」はいくらでも溢れています。物件の検討を通じて、知らず知らずのうちに身についていくことでしょう。

レッツトライ！

☒ 売り物件のチラシを基に、価格、利回り、収益を電卓で計算してみよう！

2 利回りのしくみ

究極のアドバイス！

☑ 表面利回り（「収入＝賃料収入」で計算した見かけの利回り）は業者が使います！

☑ 実質利回り（「収入＝賃料収入－経費」で計算した実質的な利回り）で収益性を自分で検証してみよう！

☑ 収益性の検証には、絶対に、表面利回りは使わない！

収益還元法の公式の「利回り」には、「表面利回り」、「グロス利回り」、「粗利」と呼ばれる見かけ上の利回りと、「実質利回り」や「ネット利回り」と呼ばれる実質的な利回りの2種類があります。

それぞれの利回りは、前述のとおり人によって表現が違うため、混乱してしまう原因になっています。本書では、前者を「表面利回り」、後者を「実質利回り」と表記します。

表面利回りと実質利回りの違いは、利回り計算にあたって使用する「収入」です。

表面利回りを計算するときの収入は、経費を差し引く前の賃料収入です。賃料収入100万円、価格2000万円の物件の「表面利回り」は5.0％になります（設例4）。

■設例4

賃料収入　　100万円／年
価格　　2000万円

表面利回り　１００万円÷２０００万円＝5.0％

一方、実質利回りを計算するときの収入は、経費を差引いた後の純収益となります。純収益80万円（賃料収入１００万円から賃貸経費20万円を控除）、価格２０００万円の物件の「実質利回り」は4.0％になります（設例５）。なお、純収益は、会計上の所得とは異なり、償却前・金利支払前の収益となります。

■設例５

賃料収入	１００万円／年
賃貸経費	20万円／年
純収益	１００万円－20万円＝80万円
価格	２０００万円
実質利回り	80万円÷２０００万円＝4.0％

以上のとおり、表面利回りはあくまでも見かけ上の利回りとなりますので、物件の収益性は、実質利回りにより把握する必要があります。

なお、収益物件のチラシに記載されている利回りは、「表面利回り」であることが一般的です。チラシの利回りを「実質利回り」と勘違いしてしまい、取得後になってはじめて「表面利回り」だったことに気づくという初歩的な失敗例もありますので、事前にしっかりと確認しておくことが重要です。

もっとも、物件検討の初期段階では、入手できる情報が限定されていることが多く、「表面利回り」によって「利回り感」を把握することも欠かせないノウハウかもしれません。ただし、いくら表面利回りが高くても、経費が割高な物件は実質利回りが想像以上に低くなりますので、表面利回りでの判断には慎重さが求められます。

レッツ トライ！

☒ 現行賃料（または、空室物件は相場賃料）から表面利回りを計算してみよう！
☒ 純収益を算出し、実質利回りを計算してみよう！
☒ 表面利回りと実質利回りの乖離を確認してみよう！

3　キャッシュフローのしくみ

究極のアドバイス！

☑「純収益」≠「手残り」であることを理解しよう！
☑借入金の「元本返済」は、現金が出ていくけれども経費にならない！
☑借入金の「支払利息」は、利回り算定上の純収益から引かれていない！
☑よって、「純収益」－「元利支払額」＝「手残り」となる！
☑「手残り」は、「会計上の所得」＋「減価償却費」－「元本返済額」からも算定できる！

収益物件の運用にあたって、キャッシュフローの理解は重要です。後述する失敗例の原因として、キャッシュフローの理解不足によるところが少なくありません。

キャッシュフローとは、手元に残る金額、いわゆる「手残り」を意味します。注意すべきは、実質利回り算定に用いる「純収益」は、「手残り」ではないということです。「純収益」という用語にミスリードされてしまい、「純収益」と「手残り」を混同してしまうことが多いのです。

手残りの計算にあたって、大きな影響を与えるのが借入金です。借入金の返済は金額が大きいことから、不動産オーナーのなかには、元本返済額を経費として計上できると勘違いしてしまっているケースが少なくありません。

しかし、借入金の返済は、単に借りたものを返しているに過ぎないため、当然のことながら経費にはなりません。

ちょっと簿記の話になってしまいますが、単に現預金という資産が減り、借入金という負債が減る取引となり、次のような仕訳をきることになります。

（借方）借入金／（貸方）現預金

仕訳からも、借入金の返済は貸借対照表（以下、「ＢＳ」という）上の取引となり、損益計算書（以下、「ＰＬ」という）には影響を与えないことが分かります。

なお、純収益について金利支払前の金額を用いる理由は、借主の属性による影響を排除するためです。このため、キャッシュフロー計算にあたって、純収益から支払利息についても差し引く必要があるのです。

【手残りの計算式①】

純収益－元利支払額＝手残り

ところで、手残りについては、会計上の所得から算出することも可能です。

【手残りの計算式②】

「会計上の所得」＋「減価償却費」－「元本返済額」＝「手残り」

会計上の所得は、償却後・金利支払後の金額となります。よって、減価償却費を足し戻し、元本返済額を差し引くことによって手残りを計算することができるのです。この式からも、借入金の元本返済は税引き後の利益から捻出しないといけないことがわかります。

レッツ トライ！

☒ 純収益から手残りを計算してみよう！
☒ 会計上の所得から手残りを計算してみよう！
☒ 算定した手残りから、借入金の返済を無理なくおこなえるか検証しよう！

4 原価法のしくみ

究極のアドバイス！

☑ 原価法の式　土地＋建物＝積算価格　を理解しよう！
☑ 土地価格は、路線価÷80％　で概算できる！
☑ 区分所有マンションの土地価格は、土地価格×敷地権割合　で概算できる！

原価法とは、土地価格と建物価格を合算して、物件価格を算出する手法です。

原価法によって査定した価格は、積算価格と呼ばれています。ちょっととっつきにくい専門用語が使われていますが、算式は極めてシンプルです。

【原価法の公式】

土地価格＋建物価格＝積算価格

土地が1500万円、建物500万円の場合、積算価格は2000万円となります（設例6）。不動産鑑定評価では、土地は取引事例から、建物価格は建築費等の指標から査定します。

■設例6

土地価格　1500万円
建物価格　500万円
積算価格　1500万円＋500万円＝2000万円

土地の成約価格は、不動産鑑定士や宅建業者でないとなかなか取得できませんので、ざっくりとした相場を知りたいときは、路線価（概ね時価の80％に設定されている）を0.8で割り戻すことにより簡便的に算出することができます（設例7）。

■設例7

路線価　30万円／㎡
時価　30万円／㎡÷0.8＝37・5万円／㎡
地積　1000㎡
土地価格　37・5万円／㎡×1000㎡＝3億7500万円

路線価は、国税庁のウェブサイトで公表されています（http://www.rosenka.nta.go.jp/）。

路線価による評価は非常に簡便ですが、あくまでも目安にとどめておく必要があります。

都心の一等地のように路線価の2倍以上で取引されるような希少性の高い地域もあれば、路線価の半値でも需要が見込めない地域もあるからです。

ところで、区分所有マンション購入の判断材料として、マンション相場だけでなく、土地価格を把握しておくことも有用です。

設例7の土地にマンションが建っており、対象となる部屋の敷地権割合が1000分の

20だとします。この場合、この部屋の土地価格は750万円となります（設例8）。

区分所有マンションの場合、土地価格はあくまでも参考ではありますが、例えばこの物件が700万円であれば、「割安では？」という勘が働くことになるのです。

■設例8

路線価	30万円／㎡
時価	30万円／㎡÷0.8＝37・5万円／㎡
全体地積	1000㎡
敷地権割合	1000分の20＝2％
土地価格	37・5万円／㎡×1000㎡×2％＝750万円

レッツ トライ！

☒ 国税庁のウェブサイトで路線価を調べてみよう！
☒ 路線価で土地価格を概算してみよう！
☒ マンションの敷地持ち分価格を査定してみよう！

5　収益価格と積算価格

究極のアドバイス！

☑収益価格＞積算価格　のときは注意しよう！
☑築古アパート＞土地価格　のときは注意しよう！

収益価格と積算価格は、理論上は一致することとされていますが、現実的には様々な要因により乖離が生じることが一般的です。

不動産価格の高騰や暴落といった、不動産市況が大きく変動しているとき、この乖離が大きくなる傾向があります。不動産投資ブームで、収益物件が瞬間蒸発してしまうような市況では、投資家が利回りの要求水準を下げることから、収益価格が積算価格を上回る傾向が強くなります。

収益価格が積算価格をかなり上回っている場合、利回り上昇、賃料減額など、将来的な価格下落リスクをはらんでいる可能性があるため、特に注意が必要です。収益物件だからといって積算価格による把握を怠ってしまうと、このようなリスクを見逃してしまうことになるのです。

よって、長期保有を目的とした収益物件の取得であっても、収益価格（購入価格）と積算価格の比較、乖離の分析が重要となります。

なお、築古アパートの場合は、土地価格との比較が有用です。ボロボロの物件の場合、最後は、建物を取り壊して更地で売却という発想になるからです。

不動産業者やベテラン投資家が築古アパートを購入するとき、このような視点で分析しているのです。ボロ物件のなかには、見方によってはお宝物件が隠れていることもあるのです。

レッツ トライ！

- ☒ 収益価格と積算価格を比較してみよう！
- ☒ 両価格の乖離が大きいときは、要因を分析してみよう！
- ☒ 築古アパートの土地価格を査定してみよう！

6　レバレッジ効果について

究極のアドバイス！

☑借入金により、投資効率を高めることができる！
☑レバレッジが高いほど、リスクが大きくなる！
☑ローンの基本は、長期間、低金利！

投資の世界で高いリターン（利回り）を得るには、自己資金だけに頼っていては限界があります。多くの投資家は、投資効率を向上させるため、金融機関からの借入れ等により、自己資金以上の取引をおこなっています。

ＦＸとして知られている外国為替証拠金取引も、証拠金（自己資金）を超えたポジションをとることにより、レバレッジをかけた投資が可能となります。

かつて、日本でもレバレッジ４００倍、５００倍といった取引が可能でしたが、現在は最大25倍に制限されています（金融庁は、最大10倍への引下げを検討しているともいわれています）。第二の「ミセス・ワタナベ」が誕生する機会は減ったのでしょうが、一時の判断（ノリ）で人生が破滅する投機家が減ったことは間違いありません。

借入金によって、自己資金に対する投資効率をあげる効果をレバレッジ効果といいます。小さな力（限られた自己資金）で大きな効果（リターン）を得ることから、「梃子《てこ》の原理」とも呼ばれています。

不動産取引にあたり、投資対象が少額の物件である場合や、一部の富裕層でなければ、なかなか現金一括購入というわけにはいきません。多くの場合、金融機関からの借入れに頼ることになると思います。

マイホームを購入するとき、多くの人が住宅ローンを利用していますが、住宅ローンによるマイホーム取得も、「レバレッジをかけた不動産投資」にほかなりません。少額の頭金で、その何倍もの金額のマイホームを購入することができるからです。

熱狂的なマイホーム主義者にとって、「マイホーム取得」が「不動産投資」と同一に扱われることは、受け入れ難い「不都合な真実」であるかもしれませんが、マイホーム購入こそ、不動産の世界における典型的なレバレッジをかけた不動産投資にほかなりません。

このように、不動産は高額であるがゆえに、購入者自身が無意識のうちに、高いレバレッジをかけた取引をおこなっているのです。

本書は、住宅ローンによるマイホーム購入や、借入金を利用した不動産投資を否定するものではありません。住宅ローンであれ、不動産投資ローンであれ、名称のいかんを問わず、借金による不動産投資は、「レバレッジがかかっている」という現実を認識し、そのリスク（レバレッジの倍率）を常に自身のコントロール下に置く必要性を理解していただくことを目的としています。

まず、レバレッジ効果を具体的な数値でみていきましょう。純収益50万円の収益物件を、1000万円で現金一括購入したとします。この場合、実質利回りは5.0％となり、自己資金に対するリターンも、5.0％となります（設例9）。

■**設例9　全額自己資金（1000万円）の場合**

物件価格	1000万円
自己資金	1000万円
純収益	50万円
実質利回り	50万円÷1000万円＝5.0％
手残り	50万円

自己資金に対する投資リターン　50万円÷1000万円＝5.0％

次に、頭金100万円、借入金900万円で購入したケースをみていきましょう（設例10）。

借入金の元利金返済のため手残りは50万円から10万円に減少してしまいます。一方、実質利回りは5.0％のまま変わりませんが、自己資金に対する投資リターンは5.0％から10％に上昇したことがわかります。金利を支払ってでも、借入金を活用する理由はここにあります。

これが、レバレッジ効果です。

なお、借入金の割合が大きいほどレバレッジ効果が高まるため、フルローンやオーバーローンを好む投資家が後を絶たないのです。

ただし、レバレッジが高まれば、同時にデフォルトリスクも高まります。投資効率を高めると共にデフォルトリスクを低減させるためには、「長期間」、かつ「低金利」の条件でローンを組むことが重要です。

■設例10　自己資金10％（100万円）の場合

物件価格	1000万円
自己資金	100万円
借入金	900万円
実質利回り	50万円÷1000万円＝5.0％
手残り	10万円
自己資金に対する投資リターン	10万円÷100万円＝10％

レッツ トライ！

☒ 借入金のシミュレーションをおこない、レバレッジ効果を計算してみよう！
☒ 自分に心地よいレバレッジを把握しよう！
☒ 実質利回りと投資リターンの違いを把握しよう！

7 投資対象としての不動産

究極のアドバイス！

☑ 流動性が低く、即時換金できない！
☑ 取引コストが高い！
☑ 情報の非対称性が強い！

最後に、投資対象としての不動産について整理してみたいと思います。

不動産とは、その名のとおり、現金や上場株式と比べ流動性が低く、即時換金できないという性格があります。売買にあたり、登記や書類作成など事務手続きが煩雑になる点も忘れてはなりません。

また、個別性が強く、情報の非対称性が強い商品であるため、不動産業者に任せっきりにせず、自ら情報収集をおこない、興味をもった物件については即座に現地確認するような行動力が必要となります。

他方、収益物件の魅力は、ひとたび稼動が安定さえすれば、放っておいても毎月一定額の家賃収入を享受することができる点に尽きます。高齢者が、事業投資や株式投資よりも、アパート経営を好む傾向が強いのはこのためです。

最近では、サラリーマンの間でも、アパート経営が人気です。単純に「超低金利」と「金余り」が理由ではないのです。終身雇用制度の崩壊、年金制度の破綻、ブラック企業の問題、老後資金の確保など、将来の生活に対する不安の現れなのではないでしょうか。相続対策のための不動産活用もその一例でしょう。

レッツ トライ！

☒「投資のための投資」とならないよう、不動産投資の目的をしっかりと整理してみよう！
☒購入前に取引コストを整理し、物件価格に対する割合を把握しよう！
☒不動産業者からの情報を鵜呑みにせずに、自分の「足」で相場を調べてみよう！

第4章

高利回り物件って、ホントにお得なの？

収益物件を購入するとき、有力な判断材料となるのが利回りです。投資である以上、少しでも高い利回りを追求するのは投資家としてあるべき姿ではありますが、利回りにこだわり過ぎてしまい、痛い目にあったという話は枚挙に暇がありません。

世の中、ローリスク・ハイリターンなんてウマイ話がそうそう転がっているわけもなく、高利回りである以上、相応のリスクを抱えているのが当前です。

それでも、いざ「高利回り」物件を目にすると、「自分だけは安全」という根も葉もない理由により、冷静な判断力が失われてしまうのです。

とはいえ、ハイリスク・ハイリターンであることを理由に、頭から拒絶してしまうのは早計です。高利回り物件は一筋縄ではいかない問題を抱えていることが多く、初心者には手強い物件であることは間違いありませんが、工夫次第ではお宝物件に化ける可能性を秘めているからです。

さて、高利回り物件の失敗の原因を分析してみると、一定のパターンに集約されることがわかります。ここでは、失敗の原因を理解し、そのリスク管理方法について整理していきます。なお、より理解を深めるために、適宜、会話スタイルを用いていきたいと思います。

1　空室物件は要注意～想定賃料を鵜呑《うの》みにするな！

Question

郊外のワンルームマンションを買いました。営業マンに表面利回り13％と紹介されたのですが、実質利回り3.6％にしかなりません。何が問題なのでしょうか？

究極のアドバイス！

☑ 業者の想定賃料はきちんと検証しよう！
☑ 賃料、敷金、礼金、広告料などの相場感を身に着けよう！
☑ 表面利回りはあくまでも参考、実質利回りで判断しよう！
☑ 経費率の検証を忘れずに！

年収600万円のサラリーマン山田さんのケース

相談者である山田さん（30歳）は日系企業に勤務する年収600万円のサラリーマンです。勤務先の業績が年々悪化していることもあり、老後資金の確保に不安をおぼえ、都内で開催された不動産投資セミナーに参加しました。

セミナー講師は山田さんと同世代、不動産投資によって、若くしてサラリーマン生活を卒業した「カリスマ大家」です。

高級ブランドに身を包んでいる講師の姿と、くたびれたスーツ姿の自身を比較し、焦りがつのります。次第に、不動産投資の是非の判断云々ではなく、自分でも気づかないうちに、投資することが前提で前のめりになっていました。他のセミナー参加者の異様な熱気も、得も知れない高揚感に一役買ったのかもしれません。

「うだるような真夏日、せっかくサラリーマンを卒業したのに、なぜ、この講師は暑苦しいブランドもののスーツにネクタイを身に着けているのか？」「それ以前に、お金持ちになったのに、なぜ、人前に出て個人情報を晒すようなリスクをとるのか？」という最初に抱いた、至極真っ当な考えも、セミナーの異様な熱気にかき消されてしまったそうです。

山田さんが、セミナーを開催した不動産業者から物件を購入したのはその3か月後のことでした。

こんな相談内容でした

山田さん：1年前に、区分所有マンション1室を購入したのですが、購入前に不動産業者から説明された利回りと全然違うのです。もしかして、悪徳不動産業者に騙されたのでしょうか……？

佐々木：悪徳不動産業者とは穏やかじゃないですね。具体的にはどんな物件ですか？

山田さん：郊外の最寄駅から徒歩18分、16㎡のワンルームマンションです。

佐々木：郊外のワンルームで徒歩18分ですか……。築年はどれくらいですか？

山田さん：1982年築だから……。

佐々木：35年くらいですね。旧耐震か新耐震か微妙なところですね

山田さん：あっ、それは大丈夫です。重説※で新耐震であることは確認済です。

※重説とは、「重要事項説明書」の略称です。不動産業者が売買契約や賃貸借契約に先立って、買主・借主に対して契約上の重要事項を記載した書面をいいます。

佐々木：それはよかったです。きちんと物件資料を確認しないで、登記簿だけで新耐震だと安易に判断する人が多いのですよ。

山田さん：えっ、みなさん、けっこうザルですね。

佐々木：手厳しいですね（笑）。ところで、おいくらで購入されたのですか？

山田さん：物件価格が２３０万円で、その他に仲介手数料や不動産取得税がかかりました。

佐々木：47万円／坪（２３０万円÷16㎡÷０・３０２５）ですか。さすが郊外プライスですね。都心の区分だと築35年でも３００万円／坪を超えることも珍しくありません。

山田さん：ええ、本当は表参道とか六本木みたいなイケてるエリアの物件を買いたかったのですが、予算的に厳しくて……。

佐々木：都心の収益物件は過熱気味ですからね。ところで、悪徳不動産業者に騙されたとおっしゃっていましたが……？

山田さん：はい、酷い話です。セミナーを主催した悪徳エステートの強引な営業もあり、投資物件を購入してしまったのです……。

佐々木：悪徳エステートというと……、収益物件専門の業者ですね。若い営業マンが気合と根性で営業する系の……。

山田さん：はい。昼夜、週末お構いなしの営業電話でウンザリです。私もセミナー講師の営業トークで欲に目がくらんでいたので、不動産投資に前のめりになっていたのは事実なのですが……。

佐　々　木：投資系セミナーの異様な熱気で、冷静な判断を下せなくなる人はけっこう多いみたいですね。

山田さん：耳が痛いですね。担当者から利回り13％の物件を紹介され、我を忘れてしまいました……。

佐　々　木：利回り13％ですか。仮に実質利回り13％だとすると、複利だと6年弱で元本回収できますから、悪くない投資ですね。

山田さん：えっ、暗算できるのですか？

佐　々　木：はい。72の法則といって、72を利回りで割ると投資金額が2倍になる年数、つまり投資元本回収に必要な年数が導き出せます。

山田さん：表面利回り13％だと、72÷13＝5.5≒6年。この算式は使えますね！

佐　々　木：ただし、不動産の場合、賃料収入を必ずしも複利で運用しているわけではないので、実際の回収年数はもう少し延びると思います。

山田さん：ところで、単純計算でも6年くらいで元本回収になるはずなのに、購入後1年経っても手残りがほとんどないのです。

佐々木：オーナーチェンジで購入されたのですか？

山田さん：いいえ、買ったときは空室です。

佐々木：空室物件ですか……。

山田さん：はい。営業マンによると、月額家賃２万５０００円で埋まるはずなので利回り13％ということでした。

佐々木：13％は表面利回りですよね。よくある話ですね。

山田さん：購入後に２万５０００円で募集したのですが、なかなか埋まらないんですよ。そこで２万円まで下げたところ、やっと埋まりました。

佐々木：賃料２万５０００円の小ぶりな物件で５０００円の値下げはシビレますね。

山田さん：20％の値下げですが、それでも利回り10％（24万円÷２３０万円）はあるはずなのですが……。

佐々木：どうやら経費に問題がありそうですね。

山田さん：管理費・修繕積立金で８０００円／月、固定資産税が２万円／年。賃貸仲介業者への広告料は賃料の２か月分の４万円です。

佐々木：ＡＤ２か月とは厳しいですね。賃貸市場が地盤沈下しているエリアなのでしょうね。

山田さん：まさか半年も空室が続くとは思ってもいませんでした……。

佐々木：経常的な収支として、手残り1.2万円（2万円－8000円）、年換算して固定資産税を控除すると12・4万円（1.2万円×12か月－2万円）。実質利回りは5.4％（12・4万円÷230万円≒5.4％）、ADを考慮すると初年度で3.6％（(12・4万円－4万円）÷230万円≒3.6％）になりますね。

山田さん：えっ、実質利回り3.6％ですか？　これじゃ、都心の物件と変わらないじゃないですか！　むしろ、都心の物件の方が資産価値は高い……。

佐々木：郊外の200～300万円のワンルームは、一見すると高利回りで、総額も手頃なため、初心者がつい手を出してしまいがちなのですが、相当割安で購入できないとお得感がないということですね。

ワンポイントレクチャー

この事例は、不動産投資の初心者が、高利回り物件で失敗する典型的なパターンといえます。そして、高利回り物件の失敗は、郊外のワンルームのケースが少なくありません。

この事例には、不動産投資で留意すべきポイントが凝縮されていますので、この事例からの教訓をしっかりおさえましょう。

(1) 想定家賃の落とし穴

高利回り物件で失敗がちなのが「現状空室」物件です。

空室物件の投資にあたっては、賃貸市場の理解、リサーチが欠かせません。初心者が、空室物件の留意点を見落とすことなく全て確認できるかというと、現実的にはなかなか難しく、失敗してしまったという話が絶えません。

ところで、インターネットの投資物件専門サイトで検索をかけると、利回り30％以上、時には利回り50％を超える物件が出てきます。思わず飛びついてしまいそうな利回りですが、冷静になって考えてみましょう。

先の72の法則によると、利回り50％であれば約1.4年、利回り30％であれば約2.4年で投資元本を回収することができます（計算の単純化のため、経費は考慮外とします）。銀行の普通預金の金利が0・001％（2017年12月現在）と超低金利であるにもかかわらず、こんなにウマイ儲け話が果たして存在するのでしょうか？

もし本当なら、みんなが目一杯借金をして物件を買い漁り、次第に適性な水準に落ちついていくはずです。それ以前に、こんなに「オイシイ物件」を売主が手放すでしょうか。

さて、ここで利回り算出の魔法の公式に立ち戻ってみよう。

利回り＝収益÷価格

この公式から、利回りが高いということは、収益（賃料）が高いか、価格（売値）が安いかのいずれかであることが分かります。

今回のケースでは、2.5万円で募集しても半年もの間空室が続き、2万円に大幅に値下げすることによって、ようやく埋まったことからも、2.5万円という当初の家賃の見積もりが甘すぎたということが分かります。

空室物件で気をつけないといけない点は、利回りは、あくまでも想定賃料をベースとした想定利回りであることです。たいてい、物件概要や物件のチラシに、想定賃料をベースに計算した想定利回りであること、当該賃料で埋まるとは限らない旨が記載されています（虫メガネで見ないと見えないくらい小さな文字で書かれていることもありますが……）。

不動産に多少なりとも造詣がある人にとっては当たり前の話ですが、初心者は、なかなかここまで頭がまわりません。

今回のケースの最大の失敗は、事前に賃料相場の調査を怠り、営業マンから言われた想定賃料を鵜呑みにしてしまったことにあります。

賃料相場の調査といっても、決して専門的なことではありません。インターネットで検索すれば、同じマンションの同タイプの賃貸募集事例はいくらでも出てきます。ヒット件数が少ないようであれば、地元の不動産賃貸業者にヒアリングするのもよいでしょう。

特に空室物件は室内の状況、間取り、設備等を購入前に確認することができるため、精度の高い賃料相場の把握が可能です。もちろん、賃料相場だけでなく、想定される賃借人の属性、敷金、礼金、ＡＤ、リーシング期間についての調査も忘れてはなりません。

空室物件は、魅力的な物件にみせるため、相場より高い賃料をベースに利回り計算されているケースが、多々見受けられます。

また、不動産会社は、売買部門と賃貸部門に分かれていることが多く、売買担当の営業マンのなかには、リーシング未経験者が珍しくなく、賃料相場をきちんと把握していない者が少なくありません。

収益物件投資のキモである賃料相場について、営業マンの言葉を鵜呑みにせず、自分の足で情報収集することが重要となるのです。

(2) 表面利回りの盲点

第3章で述べたように、利回りには表面利回りと実質利回りがあります。繰り返しになりますが、表面利回りは経費を控除する前の利回りです。

今回のケースでは、表面利回りは10%（24万円÷230万円≒10%）になります。

一方、実質利回りは、経費控除後の利回りです。今回のケースでは、実質利回りは5.4%（12．4万円÷230万円）になります。

収益物件の経費率は、一般的に1棟もので20~30%、区分所有マンションの場合、20%を下回ることも少なくありません。正確な統計データがあるわけではありませんが、表面利回りと実質利回りの乖離は、概ね2%の範囲内に落ち着きます。では、なぜ今回のケースでは、表面利回りと実質利回りの間に4.6%（10%－5.4%）もの乖離が生じてしまったのでしょうか?

その理由は、経費率が極めて高いことにあります。

固定資産税考慮前の経費率が既に40%（8000円÷2万円）、固定資産税を考慮すると48%（11・6万円÷24万円）と、収入の約半分が経費で消えてしまいます。さらに、賃借人の入替時の原状回復費用、エアコンの取替えなどの突発的な支出、AD等を考慮すると、実質的な経費率は50%を超えてしまっているのです。

今回のケースでは、借入金がありませんが、仮に金融機関から融資を受けている場合、ここから元利金の支払が発生し、ほとんど手元に残らない、あるいはマイナスになってしまいます。

なぜ、この物件は経費率がこれほど高いのでしょうか？

収入の源泉となる賃料水準は、都心と郊外で大きな乖離があるのに対し、区分所有マンションの主な経費である管理費および修繕積立金は、都心と郊外でそれほど変わりません。

例えば、都心のワンルームマンションの賃料を月額７万円と仮定します。７万円の賃料をベースに計算すると、経費率は11％（８０００円÷７万円）です（固定資産税は考慮外とします）。もちろん、都心のワンルームマンションを、郊外の物件のように２３０万円で購入できるかというと、現実的とはいえません。購入価格が高くなるため、表面利回りは低くなってしまいますが、実質利回りとの乖離は小さくなるため、想像以上に手残りが少なくなってしまうということはありません。

ここでのポイントは、２００～３００万円で購入できる、総額的に手頃感のある区分所有マンションは、表面利回りこそ高いものの、実質利回りが低いため投資妙味が低く、手残りもほとんど残らないリスクが高いということです。

初心者向けの不動産投資の指南書の多くが、初心者が最初の物件として選択すべき物件として、数百万円の高利回り区分所有マンションを挙げています。

確かに、失敗して全てを失ってしまったときの損失総額は小さいため、最悪の場合の被害を最小限に食い止めることはできますし、不動産投資のプロセスを学ぶという意味でも悪くないように思えます。

しかし、不動産投資は、株やFX投資のように投資金額を一瞬で溶かしてしまうようなリスク、例えば、天災により物件が倒壊してしまうリスクはゼロではありませんが、頻繁に起こることではありません。投資金額がゼロになってしまうリスクを過度に見込むことによって、本質を見失ってしまうのです。

今回の物件は、投資総額こそ小さいですが、経費率が極めて高い「低利回り物件」だったのです。

ただでさえ経費率が高いため、空室が長期化すると、あっという間に赤字が膨れ上がります。投資総額が小さいとはいえ、収益を産まない不良資産の保有コストは想像以上に重くのしかかるのです。不良資産の具体例として、リゾートマンション、地方のシャッター街の店舗などが挙げられます。

300万円程度のワンルームマンション投資をおこなう場合、「総額が小さいためリスクが小さい」、「表面利回りが高い」といったことだけを判断材料としてはいけません。

収入と支出とのバランスにはくれぐれも気をつけたいところです。

レッツ トライ！

☒不動産業者に賃料、敷金、礼金、広告料などをヒアリングしてみよう！

☒賃料から、管理費・修繕積立金、固定資産税を控除して「実質利回り」を計算してみよう！

☒上記で算出した「実質利回り」を、他の物件と比較してみよう！

☒「経費÷収入」で経費率を計算してみよう！　経費率が30％を超えていたら注意しよう！

2　満室物件の落とし穴

Question

満室稼動の物件を買ったのですが、退去が相次いでいます。退去前と同じ賃料でリーシング活動をしていますが、なかなか埋まらなくて困っています。改善点を教えてください。

究極のアドバイス！

☑ 満室物件こそ現行賃料の妥当性をしっかり精査しよう！
☑ 現行テナントが入居時に長期間のフリーレントをしていたら要注意！
☑ 現行テナントの賃貸条件をきちんと把握しよう！

地主の山内さんのケース

代々地主の家系である山内さん（65歳）は、都内の1棟マンションを購入しました。全50室満室稼動、実質利回り7％。収益物件の取得競争が厳しい昨今、ここまで好条件の物件は、なかなかお目にかかれません。

満室稼動ということもあり、入居者が退去してもすぐに埋まるだろうと安心しきっていたのです。

こんな相談内容でした

山内さん：都内の1棟マンションを運用しているのですが、ここ最近、入居者が立て続けに退去してしまいました。数か月前から賃貸募集していますが、空室がなかなか埋まらず、困っています。

佐々木：空室はオーナーの悩みの種ですよね。長期間埋まらないとなると、募集賃料が高いのではないでしょうか？

山内さん：いいえ、退去した部屋と同じ賃料で募集しています。もともと、どこかのファンドが持っていた物件で、PM会社（賃貸管理会社）も引き継いでいるので問題ないと思うのですが……。

佐々木：どこかのファンド？

山内さん：はい、購入時に説明を受けましたが詳しくは覚えていません。登記簿には合同会社ハゲタカと記載されているだけで……。

佐々木：なるほど、前所有者は投資ファンドのSPC※ですね。もともと信託受益権化されていた物件で、山内さんが購入されたときに受益権を解除、現物でお取引されていますね。

※ＳＰＣとは、特別目的会社（special purpose company）の略称です。もともと、投資家からの資金調達や資産の小口化の器を特別目的事業体（SPV：special purpose vehicle）といい、そのＳＰＶのうち法人格を有するものをＳＰＣといいます。別途、資産流動化法上の社団法人である特定目的会社（specific purpose company）の略称でもあります。こちらは、「資産の流動化」という特定の目的だけのために存在する会社です。両者は似ていますが、別物ですので要注意です。ここでは、前者です。

山内さん：そういえば、そんな説明をされたような気がします。

佐々木：いずれにしても、ファンドのエグジット（出口）ですね。ＰＭ（プロパティマネジメント：不動産管理・運営）レポートで賃貸状況を確認してみましょう。

山内さん：ＰＭレポートって、レントロールやリーシング活動、収支状況がまとめられた紙ですよね。

佐々木：はい。ＰＭレポートをみれば、賃貸状況の経緯をある程度確認できるのです。

山内さん：賃貸状況の経緯ですか……。購入時は満室稼動でしたので、全く気にしませんでした。

佐々木：個人投資家の方で、ＰＭレポートまできちんと確認する人の方が少ないのではないでしょうか。50室のうち、10室が購入直前に入居しています。他の部屋と比べ、賃料が1割ほど高いのが気になります。

山内さん：確かに部屋ごとに賃料にバラつきがありますね。

佐々木：契約時期等によって、多少バラつきがあるのは珍しくありませんが、購入直前に入居した10室の賃料が１割も高いというのは何か理由がありそうです。

山内さん：確かに不自然ですね……。

佐々木：原因はフリーレントと礼金じゃないですかね。

山内さん：フリーレントと礼金？

佐々木：レントロール※※の備考欄に、「FR２か月」と記載があります。入居時に２か月分の賃料が免除されていたということですね。

※※レントロールとは、賃貸借条件の一覧表のことです。

山内さん：えっ、２か月も賃料無料だったのですか⁉

佐々木：フリーレントだけでなく、敷金・礼金・更新料もゼロで契約されています。

山内さん：敷金すら受け取ってないのですか！　賃料ばかり気にしていて、敷金や礼金といった賃貸条件まで確認していませんでした。でも、この条件だと賃料が１割高くても、トータルでは損していますよね？　なぜこんな条件で契約したのでしょうか？

佐　々　木：おそらく、売却を見据えてのリーシングでしょうね。

山内さん：というと？

佐　々　木：10室が空室でしたので稼働率が80％。まずは、空室を埋めないといけません。とはいえ、安い賃料で埋めてしまうわけにはいきません。なぜなら、安い賃料をベースに査定されてしまうからです。

山内さん：確かに、直近で決まった賃料を参考にすると思います。

佐　々　木：今回の場合、売主の高値で売却しようという意志をひしひしと感じます。敷金・礼金・更新料をゼロにすることにより、入居者のイニシャルコストがおさえられます。ダメ押しが2か月のフリーレント。ちょっと露骨すぎますが、高利回り満室物件のできあがりです。

山内さん：でも、こんな無茶なリーシング、リスクがありませんか？　すぐに退去されてしまったらそれこそ大赤字ですよね。

佐　々　木：ご指摘のとおりです。そのため、フリーレントを多めに付ける際には、一定期間内に解約する場合、解約ペナルティが付けられることが一般的です。この10室は、全て短期解約ペナルティが付されていますね。

山内さん：全く気づきませんでした。いま、立て続けに解約されているのは、ペナルティ期間を経過したからなんですね。

佐々木：原因の一つだと思います。初期費用の負担が少ないため、入居し易いといったメリットはありますが、期中の家賃負担がかなりキツイのでしょうね。

山内さん：なるほど。相場より1割も高い賃料で、かつ、敷金、礼金もしっかり取ろうとしたら厳しいですよね……。

佐々木：そうですね。残念ながら、空室を埋めるには条件を妥協しないといけませんね。

山内さん：しょうがありませんね……。ただ、購入時に、顧問税理士には相談していますし、確定申告時には収支表も渡しているのに、一言もアドバイスもらえませんでした……。

佐々木：税理士は、物件購入による消費税や所得税への影響など、税務面のアドバイスがメインです。同じ資料をみても、不動産ファンドのアクイジション担当者やアセットマネージャーとは精査する視点が全く異なるのです。レントロールをみて、リーシングについて指摘できる税理士はかなりマニアックな部類になりますので、顧問税理士にそこまで求めるのは酷ですね。

山内さん：たしかに餅は餅屋ですよね。いずれにしても、敷金・礼金・更新料ゼロで募集してしまうと手数料が持ち出しになってしまうので、家賃を下げるしかなさそうです。テナントビルならまだしも、マンションでフリーレントなんて論外です……。

ワンポイントレクチャー

空室物件であれば、賃料相場のリサーチを忘れてしまうということはなかなか想定しづらいですが、このケースのように、満室稼動の物件で、現行賃料の妥当性の検証を怠ってしまったために、痛い目にあってしまったという例は少なくありません。

特に、1棟ものは、満室稼動ということで安心してしまい、いざ空室になったとき、従前の賃料で募集してもなかなか決まらないということが往々にして起こり得ます。もちろん、リーシングに苦戦する原因は、従前の賃料が高いからです。

地主など、長期保有目的のため、出口をあまり意識しない個人投資家とは異なり、不動産ファンドやセミプロの投資家は、比較的投資期間が短く、常に売却まで意識した運用をおこなっています。

投資採算性の指標であるＩＲＲ（内部収益率）は、購入から売却までの損益を基に計算されます。つまり、目標となるＩＲＲを達成するためには、売却金額は重要な意味をもつのです。

個人投資家のように購入価格や簿価、借入金額等より高く売れればよいという、ざっくりとした感覚とは根本的に異なるのです。

目標金額で売却するため、アセットマネージャーは、物件価値を高めるため、あの手この手を尽くします。売却価格を高める方法の一つが、今回のケースのように、表面上、高い賃料で埋まっていると見せかける手法です。

期中の賃料を高く設定する代わりに、フリーレントや、敷金・礼金をゼロとすることにより、初期費用を抑え、入居を促進するのです。空室も埋まり、賃料の見栄えもよいため一石二鳥です。表面上は、高稼動・高利回り物件となるため、高い価格で札を入れてしまう買主が現れるのです。

プロの世界では、エクイティサイド（不動産ファンド）も、デットサイド（金融機関）も、賃料の精査をおこない、不自然な賃料についてはストレスをかけて査定しますが、地主などの個人投資家で、きちんとデューデリジェンス※※※をおこなっているケースはほとんどないのではないでしょうか。

※※※デューデリジェンスとは、不動産投資やM&Aの際におこなう対象不動産や対象企業の事前の調査のことです。不動産投資に限れば、投資家や購入者が対象不動産の法的リスクや経済的リスクから物理的なリスクまで事前に調査することで、これが購入の可否決定の決め手となるものです。「デューデリ」や「DD」と略称されることもあります。

そのため、満室物件のリスクを見落としてしまうのです。

今回のバリューアップ戦略は、ちょっと極端過ぎる例ですので、相場より高いと気がつく個人投資家も少なくないと思います。しかし、相場より高い価格で売却するためには、100人中、100人が高い値段を付ける必要はなく、たった一人でも「相場」から外れた高い札を入れてくれればよいのです。

もちろん、初期費用を抑え、高い賃料で無理して埋めれば、高値で売れて万々歳という単純な話ではありません。極端なリーシング手法は、キャッシュフローの悪化を招く諸刃の剣となるため、細心の注意が必要です。このリーシング手法は、オーナーの物件売却時の参考にもなると思います。

満室物件を検討する際には、部屋ごとの賃料のバラつき、間取り別の賃料水準、入居時期による賃貸条件（賃料、敷金、礼金、更新料の有無、フリーレントなど）の乖離について、きちんと精査し、異常値を洗い出し、その原因を把握することが重要となるのです。

レッツ トライ！

☑ 各部屋の賃貸条件を時系列的に分析してみよう！

☑ 現行賃料と相場賃料の乖離を計算してみよう！　乖離がある場合、その乖離が価格に与える影響を試算してみよう！

☑ フリーレントが付されている場合、フリーレントを加味した賃料を計算してみよう！

☑ オーナーは、1円でも高く売却できるよう、高利回り物件へのバリューアップの余地がないか検証してみよう！

第5章

フルローン・高レバレッジのリスク

第3章で触れたように、レバレッジを効かせた不動産投資は、株やFXの「信用取引」と根本的には変わりません。

なかでも、自己資金なしのフルローンは、短期間で資産規模を拡大できますが、同時に相応のリスクを抱える諸刃の剣です。この章では、フルローンによる不動産投資の失敗例について紹介します。

1　精神力という意外な盲点

Question

自己資金がないので、フルローンで不動産を買おうと思っていますが、借入金が大きくなるので、かなり心配です。どういった点に留意したらよいでしょうか？

究極のアドバイス！

☑ フルローン投資は、資金繰りに要注意！
☑ ハイレバレッジ投資は、大儲けすることもあるけど、大損することも！
☑ 借入金に対する精神力は個人差が大きい！

専業投資家の大山さんのケース

相談者の大山さん（46歳）は、元外資系金融機関勤務の専業投資家です。リーマンショック直後、収益物件が投げ売り状態であったことに抜け目なく気づき、一世一代の勝負にでました。属性が高かったこともあり、与信枠いっぱいまで融資を受け、フルローンで収益物件を数棟仕込んだのです。

その後、程なくしてサラリーマンを卒業しました。

脱サラ当初は、賃料収入を生活の糧としていましたが、アベバブルの波に乗り物件を全て売却、現在はインデックス投資に乗りかえました。

「不動産投資でサラリーマン卒業」を目指すサラリーマンが増えているなか、なぜ大山さんは「専業大家」の立場を捨てたのか？　その理由は非常に興味深いです。

こんな相談内容でした

大山さん：今年、収益物件を全て売却したんだけど、所有期間が5年経過していれば、税金が安くなるんだよね？

佐々木：所有期間が5年以下の短期譲渡所得で39・63％、5年超の長期譲渡所得だと20・315％です。ただし、長期譲渡所得は、売却した年の1月1日で5年経過している必要があります。

大山さん：えっ、単純に所有期間で計算するんじゃないんだ。残念だけど、短期譲渡所得でガッツリ税金持っていかれちゃうな。

佐々木：不動産マーケットが好調だから、あと1年くらい待つのも選択肢の一つでは？

大山さん：いや～、もう不動産はウンザリなんだよ。今回、満額の札が入ったので、多少税金が高くても手放すことにしたんだ。こいつが最後の物件ってわけ。

佐々木：えっ、他の物件も売ってしまったんですか？　ちょっと前まで、清掃も自分でおこなうくらいの熱の入れようでしたので、ちょっと驚きですね。

大山さん：1棟ものはけっこう大変なんだよね。

佐々木：管理会社に管理を任せていたと思いましたが？

大山さん：先日、深夜の停電で、エントランスのオートロックが開かないって、管理会社から夜中に連絡があったんだよ。入居者がマンションに入れなくて、ホテルに泊まったそうなんだけど、宿泊費はオーナー負担になるみたいだね。高い管理費払っているんだから、しっかりと対応をしてもらわないと割が合わないよ。

佐々木：それは災難でしたね。でも、オートロックって、緊急時は手動で開きますよね？

大山さん：開け方がわからなかったみたい。管理会社がいい加減なんだよね。

佐々木：それが売却理由でしょうか？

大山さん：いや～、一番の理由はキャッシュフローかな。

佐々木：具体的には？

大山さん：良い時期に購入したので、利回りは良かったんだけどねぇ……、フルローンで買ったので、期中のキャッシュフローが厳しかったんだよね。

佐々木：購入前に、入念にシミュレーションしていましたよね？

大山さん：シミュレーションっていっても、所詮は想定なんだよね。一棟ものは、突発的な修繕とか原状回復工事で、想像以上にお金がでていくんだよ。敷金は株で運用していたから、手元に現金がなくてね。

佐々木：綱渡りだったんですね。

大山さん：おまけに、キャッシュフローはカツカツでも、利益が出ているので、税金は支払うことになるわけよ。税引き後のキャッシュフローで借入金を返済することになるから、手元に資金が貯まらない。地主ならまだしも、サラリーマンがフルローンの不動産投資で脱サラしても、生活は質素なもんだよ。

佐　々　木：不動産投資コンサルやっているメガ大家が、高級レストランで食事している写真や海外旅行の写真をFacebookなどのＳＮＳで発信していますけど、明らかにステマ※ですよね（笑）

※ステマとは、ステルスマーケティング（Stealth Marketing）の略で、消費者に気づかれないように自社製品などを宣伝することをいいます。

大山さん：不動産投資あるあるだけど、情弱※※が引っかかるんだろうね（笑）

※※情弱とは、もともとは情報弱者の略で、情報に満足にアクセスできない環境にいる人や情報を十分に活用できない人を指す言葉でしたが、転じて、最近では、各種の情報に疎くて、自分でネット検索をせずに、初歩的な質問をＳＮＳにアップするような人を揶揄する際に用いられることが多いようです。

佐　々　木：専業大家は、低レバレッジか、フルエクイティ（全額自己資本）でこそなりたつのでしょうね。その点、地主は建物投資だけになるので圧倒的に有利ですね。

大山さん：そうだね。フルローンでも資金をまわすことは可能なんだけど、デフォルトリスクが高くなるから精神的にキツイんだよね。

佐　々　木：理屈じゃない部分ですね。
大山さん：特に、サラリーマン辞めて安定収入がないから、よっぽどハートが強くないと耐えられないよ。
佐　々　木：サラリーマンのポジションって、意外とバカにできないですよね。
大山さん：あぁ。辞めてみて、初めてわかるよね。
佐　々　木：ところで、売却益は相当出たのですか？
大山さん：税引き後で、5千万円くらいかな。
佐　々　木：自己資金ゼロで、年収5百万円のサラリーマンの10年分の利益を出せてしまうのが、フルローンの威力のスゴイところですね。
大山さん：あくまでも、結果論だけどね。マーケットが逆に動いていたら自己破産だよ。フルローンは、リスクが高すぎるから、他人にはお勧めしないな。

ワンポイントレクチャー

フルローンや高レバレッジで、自己資金をなるべく使わずに事業規模を拡大していた個人投資家が、アベバブル以降、一転して保有物件を売却しています。購入時は、資産規模の拡大を目的として、物件数を積み上げることに注力したものの、過大な借入金によりキャッシュフローが圧迫され、想像以上に手元に現金が残りません。

期中の運用は綱渡りの連続で、精神的にも厳しいことから、多額の売却益がでることを、これ幸いとしてエグジットしているのです。

大山さんのように、フルローンで不動産を購入するタイプの投資家は、「資金を遊ばせている」状態を好まず、得てして敷金も運用にまわしています。そのため、手元資金がカツカツとなり、資金繰りに窮する局面は一度や二度ではありません。

借入金額が大きいことから、精神的な強さが求められます。

「メガ大家」といっても、実態はギリギリの自転車操業となっている者は少なくありません。

アベバブルを契機に高値で売り抜け、「物件を売却して楽になれた」、「フルローンで不動産投資するものじゃない」と、ほっとしているメガ大家は意外と多いのです。一部のメガ大家は、不動産投資をやめたり、残債のない物件だけを保有するなど、不動産から手を引きだしています。

フルローンにかぎらず、融資を受けて不動産投資をする場合、少なからず借入金の大きさが問題となります。

住宅ローン並の好条件で収益物件を購入したサラリーマン大家が、購入当初、「絶対負けない勝ちディール」と鼻息荒く語ってくれたことがありました。借入比率50%、返済期間30年、金利は1%以下の極めて有利な条件です。都内の一等地に立地する物件ですが、小ぶりな物件のため、借入金は数百万円です。

借入比率が低く、期中のキャッシュフローは相当余裕があるため、数か月空室になったところで全く問題ありません。含み益も相当でています。

ところが、購入から5年後、繰上げ返済の手数料が無料となった途端、賃料収入に加え、質素な生活をしながら給与収入の大部分を繰上げ返済に充て、短期間でローンを完済してしまったのです。

同じような好条件の融資を受けることができないにもかかわらず、なぜ、短期間で返済したのでしょうか？

「ローンを抱えているという状況が精神的に重かった」と、短期返済の理由を語ってくれました。繰上げ返済中、生活水準は下がってしまったそうですが、日々、借入金残高が頭から離れない状況に嫌気がさしてしまったそうです。借入金を完済して、やっと精神的な安定を取り戻せたのです。

融資を受けて不動産を購入するときの資金計画の重要性については、よく知られていることではありますが、借入金に対する耐性は個人差が大きいという点は意外と知られておりません。

生活のためにとはじめた不動産投資で、かえって生活が苦しくなり、精神的にも辛くなるのでは本末転倒です。借入金を活用して不動産を購入する場合、単にキャッシュフローがまわるかどうかという観点だけでなく、自分の借入金額に対する許容額を把握しておく必要があるのです。

レッツ トライ！

☒ フルローン（ハイレバレッジ）投資は、余裕をもった資金計画を作成し、手元現金を残しておこう！

☒ キャッシュフローがまわらないときは、売却も検討しよう！

☒ 借入金に対する精神力（許容額）を見極めよう！

2　見落としがちな借入金の元本返済

Question

借入金80%でアパートを買いましたが、思った以上に資金繰りが厳しくて困っています。問題点と改善方法を教えてください。

究極のアドバイス！

☑ 借入期間は長く設定しよう！
☑ 入退去時の資金繰りには要注意！
☑ 表面利回りが高い場合は、広告料も高いことが多いので要注意！

北海道在住で地元企業勤務のサラリーマン島田さんのケース

島田さん（37歳）は、北海道在住、地元企業に勤務するサラリーマンです。生まれも育ちも北海道ということもあり、地元の強みを活かして札幌のアパートを購入しました。

購入にあたり、地元の金融機関から融資を受けることになりました。これまで地道に貯金をしていたこともあり、購入金額の２割と諸経費は自己資金でまかない、残額は金融機関からの融資です。融資条件は金利2.5％、借入比率80％、期間10年です。

購入当初は満室稼動でしたが、入居者の退去が相次ぐにつれ、資金繰りに窮することになりました。

こんな相談内容でした

島田さん：札幌のアパートに投資しているのですが、資金繰りに苦しんでいます。

佐　々　木：資金繰り悪化の原因は、空室、修繕費、借入金の返済などがありますが、何が問題となっているでしょうか？

島田さん：借入金の返済で困っています。満室のときは問題なかったのですが、入居者の退去が相次ぎ、賃料収入だけでは借入金の返済ができず、手元資金からの持ち出しとなっています。

佐々木：融資条件とリーシングに原因がありそうですね。

島田さん：金利2.5％のアパートローンで借りていますので、悪くないと思うのですが。

佐々木：確かに金利には問題はなさそうですが、10年間で80％を返済しないといけないため、元本返済が重い印象を受けます。借入比率が高い場合、借入期間が短いとキャッシュフローを圧迫する原因となってしまうのです。

島田さん：満室想定で資金計画をつくってしまったのが失敗でしたね。それから、10年で完済できたら後が楽だと考え、借入期間は交渉しませんでした。

佐々木：運用期間中、空室や修繕など、何が起きるかわかりませんから、できるだけ長期間で融資を受けたいところですね。資金に余裕があるときに繰上げ返済をおこなえば、結果として短期間での返済につながりますからね。

島田さん：10年間の返済がここまでキツいとは思いませんでした。

佐々木：キャッシュフローを圧迫している原因は、借入金だけではないと思います。札幌は借手市場で有名です。事務所ビルだとAD４か月という話も耳にします。

島田さん：地元の不動産業者に客付けを依頼しているのですが、基本的にAD2か月です。アパートを買うまではADなんて存在を知りませんでした。

佐々木：札幌だと礼金はとれないと思いますので、客付けのタイミングでAD2か月と原状回復費用がオーナーの持ち出しとなってしまいます。特に入退去が発生したときの資金繰りが厳しいのではないでしょうか？

島田さん：そのとおりですよ。空室時より、入居者が決まったときの方が、資金繰りが悪化します。入居者が決まるという、本来は嬉しい瞬間のはずなのですが……。

佐々木：ADが2か月もあると、長期間入居してもらえないと割にあいませんね。

島田さん：2年以内に退去する場合、賃料の1か月分のペナルティを付けています。

佐々木：短期解約ペナルティの設定で、多少は長期間入居するインセンティブが働きますね。いずれにしても、入退去の頻度が高いと、キャッシュフローは厳しいですね。

島田さん：儲かるのは、客付けする不動産屋だけですよ。そこで、入居期間が長いテナントには商品券をプレゼントするなど、できるだけ長く入居してもらえるようアイデアを練っています。

佐々木：涙ぐましい努力ですね。とにかく、資金がまわっていない状況は健全とはいえません。金融機関に返済期間の延長を交渉するなり、繰上返済をして借入比率を下げるなどの対応が必要ですね。

ワンポイントレクチャー

「メガ大家」にとって、資金繰りは切実な問題です。フルローンに代表されるハイレバレッジ投資では、元利金の返済がキャッシュフローを圧迫します。

特に借入期間が短い場合、満室稼動でも手残りが少なく、空室がでた途端に持ち出しとなってしまうことも少なくありません。

このため、自己資金が少ない個人投資家が、専業大家として生活していくには、物件数を増やして（資産規模を膨張させて）、薄いキャッシュフローを積み上げていく必要があるのです。これが、「メガ大家」を目指すカラクリです。

なぜ、一見すると無謀と思える、このようなスキームが機能するのでしょうか？

金融機関は、株式の信用取引やＦＸ投資のための種銭には融資してくれませんが、不動産には積極的に融資をしてくれるからです。

また、金利面でも不動産融資は優遇されています。借手の属性や物件にもよりますが、アパートローンの金利は概ね２％～４％と低水準であるため、事業ローンやカードローンと比べ、非常に有利な取引となります。

このように、不動産は融資を受けやすく、かつ金利も低いため、ハイレバレッジでの投資をしやすい環境が整っているのです。

ところで、キャピタルゲインという観点からみると、先の例のように、不動産市場が上昇傾向にあるときは、レバレッジ効果により多額のキャピタルゲインを手にすることができますが、不動産市況が悪化すると、逆レバレッジにより、目も当てられない状況となってしまいます。

リーマンショック直後に、多くの新興不動産会社や不動産ファンドが破綻・経営危機に陥った理由はここにあります。彼らの多くが、高いレバレッジをかけていたのです。

不動産マーケットの歴史を振り返ると、バブルとバブル崩壊のサイクルを繰り返しています。不動産事業の拡大スピードを加速させるためには、借入金の活用は不可欠ですが、バブル崩壊に巻き込まれると破綻が待っています。

ハイレバレッジ投資で成功するには、暴落時に大きくポジションを取り、高騰時に売り抜けるしかありません。

そうわかっているのに、なぜそうできないのか？

答えは簡単です。バブルとバブル崩壊がいつくるか、誰も知り得ないからです。

レッツ トライ!

☒融資条件が厳しい場合、リファイナンスを検討しよう!
☒繰上返済をして、月々の手残りを改善しよう!
☒入居者が長くいてくれるようなプランを考えてみよう!

第 6 章

意外と奥が深い ワンルームマンション投資

ワンルームマンションは、総額が手頃で、管理の手間もかからないことから、不動産投資の第一歩として考えられる方が多いと思います。

古くから、区分所有マンションを好んで投資する「区分派」と呼ばれる人達がひっそりと存在していましたが、分散投資の対象として手頃感のある中古ワンルームマンション投資が注目されるようになり、一躍、傍流から主流に躍り出ました。

一方、初心者による、ワンルーム投資の失敗例は数え切れません。

「ワンルーム投資で老後は安泰！」「ワンルームは定期預金と変わらないので現地調査の必要なし」「何もしないでチャリンチャリン」といったセールストークを真に受けてしまうなど、投資家としての脇の甘さが失敗の原因のようです。

ワンルームは、１棟ものやオペレーションものと比べればハードルは低いですが、不動産投資であることに変わりありません。

したがって、失敗しないためには、不動産投資の基本的事項の理解や、物件の特徴をしっかりと把握しておくのは当然です。

ワンルームというと、軽く考えてしまいがちですが、実は、不動産投資の基本が凝縮されており、入門編として、格好の教材となります。

この章では、ワンルームの失敗例を通じて、収益物件投資のポイントを押さえていきましょう。

1　新築ワンルーム投資

Question

節税目的で新築ワンルームマンションを購入したのですが、それほど節税効果が見込めません。借入金の返済で資金繰りも厳しいです。売却も検討しているので、アドバイスをお願いします。

究極のアドバイス！

- ☑ 購入時の収支だけでなく、期中の収支を事前に確認しよう！
- ☑ 不動産所得がプラスになると、節税にはならないことを理解しよう！
- ☑ 借入金返済は経費ではないのでお間違いなく！
- ☑ 新築マンションの販売価格には業者利益がのっているので、購入した途端に含み損を抱える可能性がある！

☑ 新築マンションも、キャピタルゲインを得られることもあるので、購入時期と売却時期をしっかりと見定めよう！

高年収サラリーマン宮川さんのケース

宮川さん（33歳）は、有名商社に勤務する年収1200万円のサラリーマンです。実力主義で有名な会社ということもあり、30歳を超えたあたりから、順調に給料は増えていきましたが、税金や社会保険料の負担が重いこともあり、収入が増えたという実感がありません。

目下の悩みは、がんばって働いても、思ったより貯金ができないことです。

高所得者ならではの悩みといえるでしょう。独身のため、ふるさと納税が唯一の節税対策です。

そんな折、職場にワンルーム販売業者から営業電話があり、節税対策として新築ワンルームマンションを紹介されました。どこから個人情報を入手したのかという疑念はあったものの、手残りを増やしたい宮川さんにとって、営業マンのセールストークは魅力的であり、つい勢いで購入してしまいました。

こんな相談内容でした

宮川さん：節税対策になるということで、新築ワンルームマンションを購入したのですが、税金が安くなったのは一時的で、結局税金が増えてしまいました。借入金の返済もあるので、むしろ手残りはマイナスです。

佐々木：新築ワンルームマンション投資は節税面、投資効率の面から、デメリットが多いので気をつけてください。

宮川さん：深く考えずに営業マンの推しに負けてしまいました。

佐々木：給与収入が比較的高い方は、マンション販売業者の電話営業を一度は経験しているのではないでしょうか。興味本位で話を聞かず、スルーするのが無難なのですけどね。

宮川さん：一時的に節税になりましたが、その後、むしろ税金が増えてしまっています。手残りの計算も含めて、仕組みがイマイチ理解できていません。

佐々木：では、節税面と手残りについて順を追って説明しましょう。

宮川さん：お願いします。

佐々木：節税面ですが、購入時は司法書士費用や不動産取得税など、一時的な支出がありますので、不動産所得がマイナスになる傾向があります。不動産所得は総合課税になり、給与所得と合算して課税されるため、不動産所得がマイナスになると、結果として節税につながります。

宮川さん：不動産会社に支払う仲介手数料も大きいですよね。

佐々木：残念ながら、仲介手数料は一時の費用に計上できません。取得価格に含めて減価償却することになります。

宮川さん：全て購入時に費用計上できるわけでないんですね。

佐々木：支出内容によって取扱いが異なるのです。ところで、初年度は不動産所得がマイナスになることが多いのですが、問題は翌年以降です。

宮川さん：大きな支出がなくなるからでしょうか？

佐々木：そのとおりです。長期間の空室や、原状回復費用や修繕費により不動産所得がマイナスになることは十分考えられますが、それほど経費もかかりませんから、プラスになることが多いのではないでしょうか。あとは、減価償却費の金額次第です。

宮川さん：確かに、経費は管理費・修繕積立金、固定資産税くらいなので……。

佐々木：不動産所得がプラスになれば、所得合計が増え、場合によっては累進課税の税率が上がってしまいます。

宮川さん：節税どころか、増税になってしまうのですね。

佐　々　木：ケースバイケースですが、増税になる可能性は十分あり得ます。また、気をつけないといけないのは借入金の返済です。

宮川さん：借入金の返済で手元に現金が残らないのに、なぜ税金が増えてしまうのでしょうか？

佐　々　木：勘違いしやすいのですが、元本返済は経費になりません。借入金の元本は、税金を支払った後の手残りで返済することになるのです。

宮川さん：なるほど、手残りが一向に改善しないのはそのためですね。

佐　々　木：新築ワンルームマンションは、不動産所得がプラスに転じると手元資金が厳しくなりますし、それなりの給与所得がなければマイナスのときの節税メリットを得ることができません。結果として、営業マンのターゲットは、ある程度収入が高く、かつ安定している人になるのです。

宮川さん：実は、近々結婚の予定があるので、マイホーム購入の頭金のために、売却をしようと考えています。ところが、不動産会社の査定額があまりに低くてびっくりしています。

佐々木：中古マンションと異なり、新築マンションの販売価格には、デベロッパーの利益が上乗せされているので、買った途端に大幅に値下がりしてしまうのです。新車を中古車として売却するときと同じようなイメージです。

宮川さん：え〜。節税になったのは一時的で、その後の税金は増え、手元にキャッシュが残らず……、おまけに大幅な含み損とは……、ホントに踏んだり蹴ったりです。

佐々木：償却後に所得がプラスになっているということは、不動産投資としては失敗ではありません。損切りを急がず、不動産価格が上昇に転じるまで収益物件として運用するのも選択肢の一つですよ。

ワンポイントレクチャー

ワンルームマンション販売業者の営業電話を受けたことがある読者は、結構いらっしゃるのではないでしょうか。

「新築ワンルームマンションを持てば節税になりますよ」というのが決まり文句です。節税手段が限られているサラリーマンにとって、ワンルームマンションは数少ない選択肢であることは確かです。

ただし、世の中、それほどウマイ話は転がっておりません。

もし、新築ワンルームマンション投資の経済合理性が高ければ、多くのサラリーマンが購入しているはずです。そもそも、そんなにオイシイ話であれば、他人に勧める前に、営業マン自身が購入しているのではないでしょうか。

このケースのように、新築ワンルームマンションの欠点は資金繰りと出口戦略にあります。新築ワンルームマンションは、デベロッパーの利益が上乗せされているため、割高となり、利回りも低めです。初回こそ新築プレミアムで、相場より高い賃料がとれますが、築年が経過するにつれて賃料は下がってしまいます。

借入比率にもよりますが、資金繰りが厳しくなり、結果として給与などの他の所得から補塡せざるを得ないケースがでてくるのです。

そして、見落としがちなのが、売却価格です。

新築価格は、前述したとおり、開発利益が上乗せされているため、いざ売却しようとしたときに、あまりの値下がりに驚いてしまう方も多いのではないでしょうか。新築物件を購入するのであれば、売却時に開発利益相当分を失う覚悟が必要です。

ところで、新築マンションを購入したとしても、常に購入価格より低い価格でしか売れないというわけではありません。

不動産は常にバブルとバブル崩壊のサイクルを繰り返しています。

この20年間に限定すれば、新築マンションを購入価格より高い価格で売却することが可能であったタイミングは2回あります。1回目は、金融機関が不良債権処理を進めていた1997年~2003年くらいに購入し、ミニバブル時の2006~2007年頃に売却したケース。

2回目は、リーマンショック後の2009年~2013年頃に購入し、アベバブルで不動産価格が上昇した2014~2016年頃での売却です。

筆者のまわりでも、この時期にタイミングよく売却し、1000万円程度のキャピタルゲインを得た者が多数います。ちなみに、マイホームを売却したときは、一定の要件を満たすと、譲渡所得から最高3000万円まで控除できる特例があります。時期さえよければ、こんな「おいしい」思いをすることもできるのです。

新築マンションといえどもキャピタルゲインを得ることができる可能性があるため、不動産投資にあたっては、購入時期と出口戦略を常に念頭におく必要があるのです。

レッツ トライ！

☒不動産所得がプラスの場合、所得税率の区分が上がっていないか確認してみよう！

☒ 不動産所得がマイナスの場合、税金への影響額を計算してみよう！
☒ 現時点の含み損益を調べてみよう！

2 修繕積立金の積立て不足

Question

区分所有マンションの大規模修繕の予定があります。修繕積立金が不足しているので、一時金の負担が話題にあがっているのですが、とてもじゃないですが用立てられません。どうすればよいでしょうか？

究極のアドバイス！

☑ 購入時には修繕積立金の積立額、管理組合の借入れの有無の確認を忘れないように！
☑ 過去の修繕履歴、将来の修繕計画を確認しよう！

☑ 管理規約は情報の宝庫。分厚いからといってスルーせずに、しっかりと読み込もう！
☑ 総戸数の少ないマンションは、修繕積立金が大幅に増額するリスクがあることをおぼえておこう！

地方都市在住で地元企業勤務のサラリーマン宮内さんのケース

相談者である宮内さん（34歳）は、地元企業に勤務する地方都市在住のサラリーマンです。かねてから資産運用の一環として不動産投資に興味があり、書籍やセミナーに参加して熱心に研究を重ねた結果、中古の区分所有マンションを投資対象と決めました。

駅前に店舗をかまえる大手不動産会社の営業マンに相談したところ、築30年、表面利回り11％の物件を紹介されました。

利回りは魅力的なものの、築年が古いため空室リスクを懸念していたところ、営業マンからリノベーションを提案されました。

これまで実家暮らしの宮内さん、入居者が退去した際は、リノベーションをして自分で住むという「出口」を視野に入れ、物件を購入することになったのですが……。

こんな相談内容でした

宮内さん：築30年の区分所有マンションを購入しました。先日、管理会社から大規模修繕を提案されたのですが、金額が想像以上に高くて困っています。

佐々木：築30年ともなると、建物の様々な箇所にガタがきているでしょうね。今後、できるだけ長持ちさせるには、定期的なメンテナンスはやむを得ないのではないでしょうか。

宮内さん：もちろん修繕は必要だと思います。問題は、各区分所有者が200万円ずつ持ち出す必要があるのです。毎月、きちんと修繕積立金を支払っているのに…。

佐々木：区分所有者の持ち出しが発生するケースは稀ではありませんが、200万円とは高額な出費になりますね。管理規約を確認してみましょう。

宮内さん：こちらが管理規約の資料になります。

佐々木：ありがとうございます。……そうですね。拝見してみて、気になる点が二つあります。まずは戸数ですが、全8室と少ないですね。

宮内さん：将来、自分で住むことを考えると、団地やタワーマンションのように、住人が多いと何かと煩わしいので、戸数の少ないマンションを選びました。また、不動産会社の営業マンのアドバイスなのですが、戸数が多いと賃貸募集のとき、競合する部屋が多いので不利になると言われました。

佐　々　木：賃貸募集の観点からいえば、営業マンのアドバイスはあながち間違いではありません。一方、修繕の観点からみると、戸数が少ないマンションはあまりお勧めできませんよ。

宮内さん：戸数が少ないと何か問題があるのでしょうか？

佐　々　木：戸数が少ないと、一人あたりの修繕費の負担額が跳ね上がってしまいますよね。いざ大規模修繕となったとき、修繕積立金では足りず、一時金を徴収せざるを得ないことがでてくるのです。将来の大規模修繕を見据えて、毎月支払う修繕積立金が大幅に増額されることもあるのです。

宮内さん：う〜ん。確かに、戸数が少なくても、外壁の塗装や設備の交換にはそれなりの資金がかかりますね。

佐　々　木：そのため、戸数が少ないマンション購入の際は、特に修繕積立金の積立金額を確認することと、過去の修繕履歴と将来の修繕計画の確認を怠ってはいけません。

宮内さん：利回りばかり気にして、修繕については完全にスルーしていました。

佐々木：二つ目ですが、管理組合が借入をおこなっていた点が気になります。

宮内さん：えっ、どういうことでしょうか？

佐々木：どうやら、過去に大規模修繕をおこなったとき、資金が足りなかったようです。現在は、完済されているようですが、借入金を返済したため、修繕積立金が不足しているのではないでしょうか。

宮内さん：購入時に、営業マンがそのようなことを言っていたような気がします。毎月の修繕積立金の支払いを返済に充当しているので、追加負担はないとのことでしたので、特段気にしていませんでした。

佐々木：借入金額がそれほど大きくなかったので、見落としてしまったのでしょうね。

宮内さん：今回も一時金でなく、借入で対応することは可能でしょうか？

佐々木：もちろん、検討の余地はあると思います。管理組合で区分所有者の意見調整をする必要はありますが、一人200万円の一時金の負担は重いですから、賛同される方もいるのではないでしょうか。

宮内さん：借入の際に、注意すべきポイントを教えてください。

佐々木：借入金額と返済期限に注意する必要があります。

宮内さん：具体的には？

佐　々　木：借入金の返済は、修繕積立金を返済原資とするため、返済期限によっては、修繕積立金の大幅な増額が考えられます。

宮内さん：修繕積立金を増額して返済するということは、実質的には区分所有者が借金しているのと変わらないですね。資産価値を維持・向上させるための大規模修繕によって、資産価値が下がってしまうのではないでしょうか？

佐　々　木：その可能性は否定できません。ただし、借入金は、修繕積立金から返済することになるため、物件を売却してしまえば、実質的な負担者は買主になります。よって、修繕積立金が不足しているマンションの場合、将来的な負担増を見越して、売却してしまうのも選択肢の一つです。

宮内さん：自分で住むことも考えていたので、売却プランは想定外でした。

佐　々　木：もし、売却するのであれば、大規模修繕の実施決定前の方がよろしいかと思います。実施決定後となるとリスクを織り込んだ厳しい指値が入ることが予想されます。

宮内さん：私も購入時に、大規模修繕のリスクを織り込んでおくべきでした。

ワンポイントレクチャー

区分所有マンションの大規模修繕費は、毎月区分所有者から徴収される修繕積立金で充当することが一般的です。

管理会社不在の自主管理物件では、そもそも修繕積立金が積み立てられていないというケースもあるので事前に確認が必要です。現実的な大規模修繕計画が作成されており、計画に基づいた適正額が積み立てられていれば、いざ修繕となったとき、しっかりとした対応が可能です。

しかし、築古マンションが増えてきた昨今、修繕積立金の積立不足の問題が顕在化してきました。

修繕積立金の積立不足は、特に総戸数が少ないマンション、築年が古いマンションで深刻な問題となっています。管理会社のなかには、修繕積立金が貯まってきたタイミングで、緊急性の低い不要な工事を含めた多額の工事を、自社の関連会社に発注する会社も存在するので注意が必要です。

また、月々の修繕積立金の負担が大きいと販売に苦戦するため、将来的に修繕積立金が積立不足となることをわかっていながら、当初から修繕積立金を低めに設定して販売するケースもあるため、築浅物件といえども、修繕積立金の積立不足の問題は他人事ではありません。

特に問題となるのが、緊急を要する大規模修繕が必要になったとき、積立不足となっているケースです。この場合、区分所有者から一時金を徴収するか、管理組合が借入をおこなうことにより対応せざるを得ません。

一時金を徴収する場合、管理組合の決議で区分所有者及び議決権の過半数（特別決議が必要な場合は4分の3以上）の賛成を得る必要がありますが、区分所有者の負担額が多額となる場合、調整が難航することが予想されます。無い袖は振れないからです。

一方、管理組合が借入をおこなう場合、一時金の負担はありませんが、金融機関へ約定返済をする必要がでてきます。

区分所有者が毎月支払う修繕積立金が返済原資となるため、借入金額によっては、修繕積立金を大幅に増額せざるを得ない状況がでてきます。借入金の返済だけでなく、将来の修繕に備えた積立金を積み立てる必要があるからです。一時金と借入の違いは、端的にいうと、一括払いかリボ払いかというイメージです。

なお、管理組合による借入は、修繕積立金を通じて返済されることになるため、物件を売却してしまえば、その後の返済（形式的には増額した修繕積立金の支払い）から逃れることができます。

仮に、一時金として徴収されるケースで、徴収される金額を用立てることができず、個人的に金融機関から借り入れた場合、物件を売却しても当然のことながら返済義務が残ってしまいます。

区分所有マンションは投資対象として根強い人気がありますが、修繕積立金や過去の修繕履歴の確認を怠ってしまうと、想定外の出費を強いられてしまうことになるのです。

修繕積立金が不足している物件を購入するときは、指値に織り込んでおきたいところです。

レッツトライ！

☒ 管理組合の決算書で、修繕積立金の積立額を確認しよう。手元になければ、管理組合に問い合わせてみよう！
☒ 将来の修繕計画と予算を確認しよう！
☒ 将来の大規模修繕に不安があるときは、売却も視野にいれてみよう！

3　不利な管理契約で踏んだり蹴ったり……

Question

ワンルームマンションを売却するのですが、管理契約を解除しようとしたら、賃料6か月分の違約金を請求されてしまいました。他にも、いろいろと問題がありそうです。アドバイスをお願いします。

究極のアドバイス!

☑ 管理契約を引き継ぐ条件で購入するときは、契約内容をきちんと確認しよう!
☑ 不利な管理契約は、資産価値を毀損させる!
☑ 管理会社が入居者から直接徴収する手数料は、実質的に家賃のマイナス!
☑ 区分所有マンションといえども、土地の登記簿謄本をきちんと確認しよう!

15年前に購入した中古ワンルームマンションを売却した山本さんのケース

山本さん（63歳）は、15年前に投資目的で、中古ワンルームマンションを購入しました。不動産投資経験がなく、また、当時は九州在住ということもあり、何の疑問も持たずに売主の管理契約を引き継ぐことにしました。

15年間運用したことにより借入金残高が減り、不動産価格も高騰してきましたので、売却することにしたのです。

不動産価格の高騰は噂以上で、たった2日で満額の買付けが入り、無事売買契約締結に至ったのですが、予想外の問題が発生してしまいました。

こんな相談内容でした

山本さん：ワンルームマンションを売却することになったのですが、管理会社との契約解除で揉めています。

佐々木：売買にあたり、管理契約を解除することは珍しいことではありません。購入後は、自主管理するなり、お付き合いのある管理会社に委託するなど、買主にもご事情があるのかと思います。

山本さん：買主さんが管理契約を引き継がないことには異存はないのですが、実は、管理会社と契約解除で揉めているのです。

佐　々　木：契約に解除条項が付されているのでしょうか？

山本さん：15年前に物件を購入したとき、遠方に住んでいたこともあり、何も考えずに当時の売主の管理契約を引き継いだのですが、仲介業者に確認してもらったところ、解約するには、賃料6か月分もの違約金を支払わなければならないのです。

佐　々　木：ワンルームマンションの管理で、解約違約金が賃料の6か月分とは、穏やかじゃありませんね。賃貸管理会社はどちらの業者でしょうか？

山本さん：○○○○です。

佐　々　木：全国的な知名度はありますが、エグい商売で有名な、悪名高き管理会社ですね。契約とはいえ、解約違約金6か月は交渉の余地がありそうですね。

山本さん：仲介会社の営業マンには、交渉を断られてしまいました。

佐　々　木：非弁行為になってしまいますからね。弁護士に依頼する手もありますが、今回のケースでは費用対効果を考えると、ご自身で交渉した方がよさそうです。

山本さん：がんばってみます。
佐々木：ところで、解約違約金6か月もさることながら、賃料設定も怪しいですね。
山本さん：具体的にはどういうことでしょうか？
佐々木：現行賃料は5.7万円ですが、6.5万円～7万円が相場です。おそらく、家賃保証の持ち出しを嫌って、すぐに埋めるため、安い賃料で募集したのでしょう。
山本さん：確かにネットでみると、7万円で募集していますね。多少指値が入ったとしても、6万円以下はあり得ない……。
佐々木：また、システム手数料といった名目の手数料を、入居者が管理会社に支払うことになっています。
山本さん：詳しくはよく分からないのですが、入居者対応費用らしいです。
佐々木：入居者からすれば、支払う相手がオーナーか管理会社の違いで、実質的には賃料と変わりません。あの手この手でむしり取ってきますね。
山本さん：気分が悪くなってきました……。
佐々木：とどめを刺すようで申し訳ありませんが、売買価格にも影響しています。
山本さん：売買価格にも？
佐々木：仮に賃料が7万円だったとしましょう。この場合、年間15・6万円（7万円

－5.7万円）×12か月）収入が増えることになります。今回、表面利回り7％で売買されたのであれば、単純計算ではありますが、約２２０万円（15・６万円÷７％）高く売れたことになります。

山本さん：えっ⁉

佐々木：直近半年間の成約事例をみると、同じタイプの物件が２００～３００万円高く売れています。オーナーチェンジ物件は、利回りで取引されてしまいますので、現行賃料5.7万円に引きずられてしまったのでしょうね。成約事例が高いといっても、このロケーションで表面利回り６％をきるのは難しいので、やむを得ない価格設定だとは思います。

山本さん：やり方次第で２００～３００万円高く売れたとは、ショックで言葉がありません。たった２日で満額の買付が入ったのは、単純に売値が安かっただけなのですね……。

佐々木：築年が古いので、買主は入居者退去後にバリューアップして、比較的短期間で転売するのではないでしょうか。

山本さん：解約違約金34・２万円（5.7万円×６か月）にばかり頭がいってしまっていました。長い付き合いなのに、〇〇〇〇には裏切られた気持ちしかありません。

佐々木：世の中には良心的な管理会社もあれば、オーナーを食い物にする管理会社もあります。これぱっかりは、付き合ってみないと分かりませんので、少なくとも契約書はきちんと確認したいところですね。また、管理も全て任せっきりにせず、常に目を光らせておくことをお勧めします。

山本さん：耳が痛いです。こうなったら、解約違約金だけでも減額交渉しようと思います。

佐々木：幸運を祈ります。

ワンポイントレクチャー

オーナーチェンジ物件では、売主が管理会社に管理を任せているケースは珍しくありません。

売買にあたり、管理契約を引き継ぐことが条件となっているケースもありますので、管理契約の内容については、きちんと内容を確認しなければなりません。

今回のケースでは、ワンルームマンションの管理にもかかわらず、解約違約金が賃料の6か月分と高額に設定されており、仮に空室になったとしても、違約金なしに管理契約を解約できないという、極めて管理会社に有利な契約となっていました。

ここまでオーナー泣かせの契約は、あまりお目にかかることはありませんが、全国的に名前が知られている管理会社であっても、このようなことが起こり得るのです。

オーナーにとって極めて不利な管理契約を結んでしまうと、単に運用期間中の利回りに影響するだけでなく、資産価値を毀損させることになってしまいます。

いざ、売却しようとしたとき、相場より低い価格でしか売れないことになりかねません。購入時はもちろんのこと、新規に賃貸管理契約を結ぶときも、契約内容の確認を怠ってはいけません。

ところで、この話には後日談があります。タフな交渉の末、違約金を3か月分まで値下げし（3か月分でも取り過ぎですが）、決済へ向けて手続きを進めていたところ、思わぬ事態が発生します。

なんと、土地登記簿の乙区に、前所有者の抵当権が残されたままだったのです。売主はまだしも、仲介の担当をした、大手不動産会社のベテラン営業マンでさえスルーしてしまっていたのです。

マンションは、敷地権が設定されると、原則として土地と建物を分離して「処分」することができません。「処分」とは、所有権の移転にとどまらず、抵当権の設定等を含みますので、マンションは土地・建物のどちらか一方のみの売買や、抵当権設定ができません。

よって、権利形態を確認するとき、通常は建物の登記簿で専有部分の権利形態や敷地権を確認することになります。

ところが、このケースでは、土地のみに前所有者の抵当権が残されてしまっていたのです。土地の登記簿謄本を確認すると、どうやらこのマンション、新築当初は敷地権が設定されておらず、区分所有者それぞれが土地の持ち分を共有する所有形態となっており、その後、敷地権が設定されておりました。

ここからは想像になりますが、新築当初に購入した前所有者が、金融機関からの借入にあたり、土地、建物に抵当権を設定。敷地権が設定されたとき、何らかの事情で、前所有者の持ち分に対する抵当権のみ抹消されずに、そのまま残ってしまったと思われます。

その後、現所有者の購入時、土地に抵当権が設定された状態であることに誰も気づかず、現在に至ったのでしょう。この取引に関与した仲介業者、司法書士、金融機関、いずれも問題がありますが、特に、司法書士は大チョンボといえるのではないでしょうか。この事実を知って山本さんが激怒したことは言うまでもありません。

本件の仲介業者が抵当権設定者である金融機関に確認したところ、幸いなことに残債はありませんでしたが、抵当権の抹消に1か月ほど時間を要することになり、決済が2か月延期してしまいました。

山本さんは、管理契約を解除してしまったことから、決済まで自主管理しなければならず、最後の最後まで災難続きとなってしまったのです。

不動産投資ブームに沸く昨今、中古ワンルームなんて現地確認しなくてよいと吹聴している「専門家」もいるようですが、不動産取引はプロでさえ想定し得ないトラブルが起こり得る、決済するまで気が抜けない奥が深い世界です。

「カモ」にされないためにも、取引金額の大小に限らず、入念な調査を怠ってはいけません。

レッツトライ！

☒ 管理契約の内容をきちんと読み込もう！
☒ 不利な管理契約のときは、管理会社の更迭を検討しよう！
☒ 現行賃料が安すぎるときは、売却タイミングを再検討しよう！

4 激安リゾートマンションを買ったら最後、売れません

Question

リゾートマンションを購入したのですが、ランニングコストの負担が重くて困っています。売りに出しているのですが全く反応がありません。どうしたらよいでしょうか?

究極のアドバイス!

- ☑ リゾートマンションは保有コストに要注意!
- ☑ 施設の管理状況の確認を忘れずに!
- ☑ 相続財産にリゾートマンションがあるときは、「負の資産」を引き継がないよう要注意!
- ☑ 別荘の不動産所得の損失は損益通算の対象となりません!

リゾートマンション投資を始めたサラリーマン森さんのケース

相談者である森さん（55歳）は、都内企業に勤務するサラリーマンです。これまで仕事一筋、質素倹約でがんばってきたこともあり、都内郊外に購入したマイホームの住宅ローンは、昨年完済しました。

定年退職後は、1年のうちの一定期間をリゾート地でのんびりと暮らしたいなと思い、リゾート物件を探すことにしました。

当初はリゾート会員権の購入も検討しましたが、使用できる回数が限定されており、事前予約も必要となり、使い勝手がよくありません。

一方、リゾートマンションの売り物件は10万円で購入できる物件もあり、想像以上に安いことがわかりました。

あまりに安いので、ちょっと心配にはなりましたが、仮に失敗しても数十万円なら、勉強代として割り切ればよいと軽く考えて購入したのですが……。

こんな相談内容でした

森さん：老後のささやかな楽しみで、リゾートマンションを購入したのですが、ちょっと困ったことになっています。

佐々木：リゾートマンションというと、保有コストでしょうか？

森さん：はい、管理費・修繕積立金で月額7万円、固定資産税が毎年15万円、年間約100万円の負担に苦しんでいます。

佐々木：リゾートマンションではよくある話です。

森さん：購入する時は、都内でワンルームマンションを借りるのと同じくらいだと軽く考えていました。10万円で購入したので、気に入らなければ、すぐに売ってしまえばよいと考えていたのですが、いざ売りにだしても、全く買手がみつかりません。賃借だったら、解約すればすむ話なのですが……。

佐々木：同じようにお困りの方が大勢います。購入された方については、ある程度は折込済みだと思いますが、相続された方は、財産だと思って相続したら、負の資産を相続してしまったという、泣くに泣けない話が少なくありません。

森さん：ところで、なぜリゾートマンションはこんなに保有コストがかかるのですか？

ファミリーマンションの保有コストと比べると、格段に高いですよね。

佐々木：管理費・修繕積立金ですが、温泉施設などがあるから、どうしても普通のマンションと比べてコストがかかってしまうのです。

森さん：温泉があるからゆっくりと身体を休められると思ったのですが、かえってランニングコストを引き上げる原因になっているのですね。

佐々木：次に固定資産税ですが、こちらのマンション、バブル期に建築された豪華な造りになっていますね。

森さん：はい、築年こそ古いですが、なかなかグレード感の高い物件です。

佐々木：グレード感が高いということは、モノとしての価値があるということなので、残念ながら固定資産税の観点からは不利に働きます。

森さん：でも、購入価格は10万円なのですよ。時価10万円なのに、毎年の税金が時価より高いというのは納得できませんよ。

佐々木：それが固定資産税の理不尽なところです。リゾートマンションや地方のシャッター街など、極端に需要が少ない物件では、固定資産税が時価を上回ってしまうという現象がおきてしまっています。将来的に何らかの救済措置がとられる可能性はゼロではありませんが、現時点ではどうしようもありません。

森さん：世知辛い世の中ですね。こんな金食い虫、さっさと手放してしまいたいのですが、なかなか買手がつきません。

佐々木：保有コストがかかりますから、実需での需要以外は期待できないのが現実ではないでしょうか。リゾート地に遊びに行くときだけホテルに宿泊すればよいので、敢えて保有する必要もありません。

森さん：所有していれば宿泊料がかからないので、お得だと思っていましたが、かえって高くついてしまいました。

佐々木：このリゾートマンション、モノの価値（積算価格）でみれば1000万円はくだらないと思います。ただ、市場での価格は積算価格だけで決まるわけではありません。年間100万円の保有コストがかかるし、賃貸需要も見込めないので10万円まで下がってしまったのでしょうね。

森さん：10万円どころかタダでも引き取ってもらえません。安いことには理由があるのですね。

ワンポイントレクチャー

リゾートブームが去ったこともあり、激安のリゾートマンションが見向きもされず市場に溢れかえっています。

１００万円どころか10万円くらいで購入できる物件も少なくありません。あまりに安いので、筆者も過去に研究したことがありますが、実需目的なら検討の余地がないとはいえませんが、投資として成立させるのは困難であるという結論に至りました。賃貸にだせば、ランニングコストくらい補えるなどと考えない方が無難です。

リゾートマンション最大のデメリットは、保有コストの問題です。特に、温泉施設など施設が充実しているほど、管理費・修繕積立金が高額になりがちです。

管理費・修繕積立金だけで、都内のワンルームマンションの家賃と遜色ないレベルですので、資金に余裕がなければ、保有し続けるのは大変です。入居者の激減、管理費・修繕積立金の徴収が困難となり、温泉施設の運営がストップされてしまい、せっかくの施設がメンテナンスされず、無残な状況で放置されてしまっている物件も少なくありません。

いずれにしても、いったん保有したら、赤字を垂れ流す覚悟が必要です。

リゾートマンションは、保有コストの問題もあり、流動性が極めて低いのが実情です。売りたいと思っても買手がなかなかみつからないどころか、無料でも引き取ってもらえないから始末が悪いのです。

かつて、原野商法が社会問題となりました。二束三文の原野に投資して多額の現金を失ってしまったばかりか、固定資産税という保有コストが重くのしかかります。さらに、「カモリスト」に載ってしまったため、「測量」と称する二次被害にあう被害者が多発しました。

リゾートマンションを、原野商法と比べるのはちょっと強引かもしれませんが、手放したいけど買手がつかず、ひたすら保有コストが垂れ流しになるという面では、非常に似ています。

なお、別荘などのように、趣味・娯楽・保養または鑑賞の目的で所有する不動産の貸付けに係るものについては、不動産所得の金額の損失について、損益通算の対象となりませんので、注意が必要です。

一儲けしてやろうと思ってリゾートマンションを購入した投資家は、自業自得の側面もありますが、何も知らずに相続してしまったケースは同情を禁じえません。

深く考えずにリゾートマンションを相続すると、あまりの保有コストに腰を抜かしてしまいますので、リゾートマンションを相続するときは、「負の資産」である可能性が高いことをしっかりと認識しておかなければなりません。

ところで、相続財産のうち、リゾートマンションだけを相続放棄することは可能でしょうか？

残念ながら、一部の財産だけを相続放棄することはできません。相続するなら、財産も債務も引き受けることになるのです。

相続人が一人しかいないときは、相続人が腹を括《くく》ればよいですが、問題は、相続人が複数いるときです。遺産分割にあたり、「ババ」を押し付けられないよう、気をつけましょう。

レッツ トライ！

☒ 管理費・修繕積立金削減のため、施設の使用を中止できないか検討してみよう！

☒ 民泊利用を検討してみよう！

☒ 広範囲に買手を探してみよう！

☒ 損益通算目的で別荘を購入するときは、くれぐれもご注意を！

5　ここは日本？　異世界のようなマンション（番外編）

Question

中古ワンルームの購入を考えていますが，同じマンション内に怪しい店舗が多数入っています。利回りは高いのですが，環境が悪いので悩んでいます。どんなリスクがあるでしょうか？

究極のアドバイス！

☑ コンプライアンスに抵触しないか，きちんと確認しよう！
☑ 利回りが高くても，出口がない可能性があることを認識しよう！
☑ 事故があったとき，所有者責任を追及されるリスクを認識しよう！

中古ワンルームマンションを購入したい柴田さんのケース

柴田さんは、地元の地方都市で中古ワンルーム投資を検討しています。

土地勘を活かし、投資妙味のありそうな物件を10件ほどピックアップしました。そのなかでも、飛び抜けて高利回りの物件に惹かれ、現地調査を行うことになったのですが…。

こんな相談内容でした

柴田さん：（対象物件の近くに車を駐車し）検討しているのはこの物件です。
佐々木：ちょっと古いですが、最寄り駅からは歩けますね。
柴田さん：貴重品は車の中に置いて、手ぶらでお願いします。
佐々木：（ん？）
柴田さん：来ればわかります（キリっ！）
佐々木：（とりあえず、ついていきますか）

外国人がコンビニ弁当を片手にエレベーターに乗り込んでいく。

柴田さん：この物件、外国人の住人が多いのですよ。
佐々木：リーシングに苦労しそうですが、大丈夫ですか？
柴田さん：こんなのは、まだ序の口です。
佐々木：いたって普通の、築古マンションにしか見えませんが……。
柴田さん：エレベーターで、売り物件の上層階を見にいきましょう。
佐々木：（ちょっと入居者の属性が低そうな雰囲気だな）
柴田さん：着きました。購入を検討しているのは、このフロアの物件です。
佐々木：……。えっ、何ここ？

エレベーターを降りると、そこは漫画『北斗の拳』のような光景である。ガラケー片手に鋭い眼光でこちらを凝視する集団（後で知ったが、呼び込みの兄ちゃん）は、かろうじてモヒカンではないが、いつ「ヒャッホー」と叫びながら火を吹いてもおかしくないだけのインパクトである。

柴田さん：写真は控えてくださいね。
佐々木：（お願いされてもお断りです……）このマンション、住人いるんですよね。
柴田さん：さすがにこの階は微妙ですね。
佐々木：（そりゃそうだろう）。売り物件はこの階にあるのですか？
柴田さん：そうです。ただ、ワンフロア全てこんな状態で、部屋番号のプレートも付いていないし、じっくり確認できないので、どの部屋が売り物件なのか分からないのです。
佐々木：そもそも、所有者は合法的に賃貸しているのですか？
柴田さん：現行賃料の金額は確認できたのですが、賃借人とか込み入ったことは、個人情報ということで、まだ教えてもらえていません。
佐々木：さすがに、コンプライアンス上、問題ないですか？
柴田さん：う～ん、利回りは魅力的なのですが、やっぱり、ちょっと微妙ですよね……。

ワンポイントレクチャー

不動産の世界で最も重要といっても過言でないのが現地調査です。
現地調査を怠って、痛い目にあってきた先人達は数多く存在します。

金融機関によっては、融資金額1000万円に満たないような少額物件であっても、支店長自ら必ず現地調査を実施します。それだけ、物件の状況や、周囲の環境の確認は欠かせないのです。

中古ワンルームは、金額的には手頃とはいえ、何かあれば売ってしまえばよいと軽く考えてしまうと、思わぬ落とし穴にはまってしまいます。

今回、相談者は投資を見合わせましたので、大事には至りませんでしたが、現地調査の重要性を知る良いケースであるため、番外編として紹介させていただきました。

この物件は、とある破綻した不動産会社のブランドの分譲マンションです。

現地調査にあたり、なぜ貴重品を置いておくように言われたのか理解できませんでしたが、一歩マンション内に足を踏み入れると、ちょっと異質な雰囲気です。売り物件が所在するフロアでエレベーターを降りたときの印象は前述のとおりです。

なんと、『北斗の拳』を彷彿《ほうふつ》させるような世界が広がっていたのです。一昔前の不良債権のデューデリジェンスでも、ここまでインパクトのある物件にはなかなかお目にかかれません。

どうやら、フロア全体が風俗営業をしているようで（合法かどうかは知る由もありません）、フロア内に怖そうなお兄さん方がたむろしており、招かれざる客に対する威圧感が半端ありません。

生命線がエレベーターしかないため、トラブルに巻き込まれたらたまったものではありません。早々に退散したい及び腰の筆者を尻目に、相談者は内廊下をズンズン進み、熱心にデューデリをしていました。リスク管理はさておき、投資家としては見習うべき姿勢です。

後で知ったのですが、このマンション、毎年いくつかの部屋が成約しているようです。実質利回りが15〜20%、総額200万円程度ですので、利回り目的で購入する人が一定数いるのではないかと思われます。もっとも、現地をみたら、心折れてしまい、購入に踏み切れるハートの強い投資家はそれほど多くないはずです。

相談者は、利回りの高さに後ろ髪をひかれていましたが、「テナントが極めて限定される」ことと、「出口が困難」なことから、結局購入を見送ることにしたそうです。

コンプライアンスの問題もありますし、万が一、事故が起きたときの所有者リスクを追及されることも考えられます。投資はハイリスク・ハイリターンではありますが、取るべきではないリスクが存在します。投資を見送ったのは無難な判断であるといえるでしょう。

なお、このような物件を見つけるのに、特別なルートは必要ありません。有名不動産ポータルサイトや、収益物件専門サイトに、普通に掲載されています。

もっとも、サイトでの記載は普通の中古マンションと変わりありませんので、土地勘がないと気づけません。

もし、怖いもの見たさで現地を見てみたいと思うようでしたら、ご自身の責任とリスクでどうぞ。

レッツ トライ！

☒投資物件は星の数ほどあります。あえて、不要なリスクを取るのは避けましょう。

☒触らぬ神に祟りなし。怖いもの見たさはほどほどに。

第7章

高級賃貸物件トラブルあれこれ

これまで、区分所有マンションやアパートといった、どちらかと言うと個人投資家向けの話が中心となっておりましたので、この章では、高級賃貸物件について取り上げたいと思います。

都心の高級賃貸マンションの立地としては、主として南麻布、恵比寿、代官山、六本木、西麻布、目黒、表参道、南青山が挙げられます。

入居者は主として、外資系金融機関、IT企業、外国人駐在員、芸能人など高収入の層が中心となります。賃料は間取り（賃貸面積）次第ですが、月額20万円はくだらず、200万円を超えるような部屋も少なくありません。

40〜50㎡の比較的コンパクトな間取りの部屋は、日本人好みの内装であることが多いですが、100㎡を超える広い間取りの部屋になると、いかにも外国人向けの「大味」な内装で、ちょっと日本人には馴染みにくいかもしれません。

高級賃貸マンションもワンルーム同様、分譲タイプもあれば賃貸タイプもあります。１棟を所有して賃貸しているケースもあれば、分譲タイプの１部屋を所有して賃貸しているケースもあります。

高級賃貸マンションは、個人投資家にはなかなか手が届かないこともあり、失敗例が表にでることは少ないと思います。ここでは、高級賃貸物件の失敗例と、投資にあたって注意すべきポイントをいくつか紹したいと思います。

1　高級賃貸マンションは家賃が不安定

数年前、洗脳騒動をおこした女性お笑いタレントの方が、賃料滞納トラブルで世間を騒がせました。オーナーも芸能人であったことから、ワイドショーの格好のネタになり、お茶の間を賑わせることになりました。

高級マンションは、セキュリティが厳しいことから入居者には芸能人などの有名人が多く、筆者も運用していた物件の現地確認時に、テナントである芸能人とばったりでくわしたことがあります。

高級賃貸物件は退去時のキャッシュアウトが重いため、芸能人のような浮き沈みの激しい職業の方が入居している場合、特別、ファンというわけでなくても、その活躍が気になってしまうものです。

高級マンションに入居するには一定以上の収入が必要となりますが、高収入であるがゆえに不安定であるという側面があります。

アパートやマンションと比べ、入居者の経営している会社の業績、勤務先のリストラ、健康上の理由などにより、賃料滞納が発生するリスクが高いのです。

また、リーマンショックのような、急激な経済環境の悪化局面では、需要が著しく低下し、賃料相場も大幅に下落するなど、家賃収入のボラティリティの高さが顕在化することになります。

2　賃料下落と空室期間の長期化

賃貸住宅は、オフィスや店舗と比べ、賃貸水準が安定しています。100年に1度といわれたリーマンショックのとき、株や為替は大幅に変動しましたが、アパートやマンションの賃料は、それほど変動することはありませんでした。

仮に、近い将来、リーマンショックに並ぶような金融危機がおこったとしても、都内のアパートやマンションの賃料が、半額になるということは、なかなか想定できません（もちろん、絶対ということはありませんが）。

一方、高級賃貸物件は需要者（入居者）が限定されるため、経済状況の悪化により、需給バランスが大きく崩れると、それに引きずられ、賃料が大幅に下落してしまう潜在的なリスクをかかえています。

過去に高級賃貸物件のポートフォリオの運用に携わっておりましたが、リーマンショック後のリーシングは非常に厳しいものがありました。

外資系金融機関をはじめとした高給サラリーマンの年収が激減したことから、月額20～30万円の賃料水準の物件の動きが非常に鈍くなり、繁忙期を逃すと15万円くらいでやっと埋まるような有様です。

金融危機前と後で、2～3割くらい賃料が落ちてしまったのです。1部屋200㎡を超えるような物件の賃料は著しく下落し、酷いときは家賃100万円の部屋が50万円、200万円の部屋が100万円でも埋まらない状況になりました。

高級賃貸物件のなかでも、ここまでの家賃帯になると需要者が極めて限定されるため、相場はあってないようなもので、他の競合物件に負けないためにも、賃料減額を飲まざるをえない局面がでてくるのです。

空室期間が長引けば長引くほど費用が垂れ流しになってしまうので、賃料にこだわってばかりいられず、埋めることが最重要課題となるのです。1.5万円／坪で埋まっていた物件が、7000円／坪台でさえリーシングに苦労することになったのです。

第6章で述べたとおり、将来的な売却を見据えた場合、賃料を下げることは致命的になりかねません。一方、目の前の資金繰りも切実な問題ですので、どこに妥協点を見出すのか、非常に悩ましいものがあります。

高級賃貸物件は、賃料のボラティリティが高く、不確実性が高いため、運用にあたっては、手元資金に余裕をもっておきたいところです。

3　賃料滞納トラブル

先のお笑い芸人の話ではありませんが、高級賃貸マンションといえども賃料滞納トラブルとは無縁ではありません。

大手企業の法人契約（社宅契約）であれば、貸倒れリスクは少ないのでしょうが、中小企業や個人事業の経営者は、ひとたび会社の経営状況が悪化すると、賃料の支払いが厳しくなってしまいます。高級賃貸ともなると、家具等の荷物も多いため、簡単に引っ越すわけにもいかず、滞納期間が長期化してしまうことも少なくありません。

個人事業を経営していた入居者が、事業が頓挫し会社をたたんでしまい、１年近く滞納が続いたことがあります。

ＰＭ会社の担当者が根気よく交渉を続けましたが、収入が途絶えてしまったため無い袖は振れません。幸いにして、この入居者は立派な経歴であったこともあり、大手外資系企業に再就職することになり、滞納家賃の回収をすることができました。

商売の成功に過去の経歴は大きな意味を持ちませんが、こと物件の運用面では、入居者が自営業者であるときは、会社の経営状況のみならず、経歴も重要だと痛感させられたケースです。

蛇足ではありますが、滞納家賃はその期（個人事業の場合はその年）の収入として計上することになるため、手元に家賃収入が入ってこないにもかかわらず、利益がでれば納税することになりますので、早期の回収が望まれます。

外国人のエグゼクティブが入居者であるケースでも、家賃滞納が生じたことがあります。このケースでは、2年近く滞納が続き、最後は法的手続きに移行することになりました。最終的に退去となりましたが、多額の金額を損切りすることになってしまいました。入居者が高収入だからといって、滞納が発生しないと安心しきってはいけないというよい教訓です。

4 広告費と原状回復費で資金がカツカツ

第5章で述べたとおり、入居者が退去してしまうと、原状回復費用と広告料がキャッシュフローを悪化させます。

高級賃貸マンションは住居であるため、クリーニング費用程度であれば入居者が負担することになりますが、通常の使用による損耗については、原則オーナー負担となります。

問題は、原状回復費用の金額が高額になることです。70㎡くらいのファミリータイプの間取りであれば、ファミリーマンションと比べて、それほど変わりありませんが、100㎡を超えるような間取りになると、手を付ける範囲が広くなるため、原状回復費用が高額となってしまいます。

面積が広くなればなるほど、クロスやカーペットの張替え面積が増え、エアコン、冷蔵庫、洗濯機といった備付設備（高級賃貸では設備が備え付けられていることが多いようです）の維持、更新の出費を強いられます。

入居期間が長いほど室内の汚れが目立ち、150～200㎡の部屋の原状回復費用が、

200~300万円にのぼり驚愕しました。実際に現地を確認したところ、汚れや匂いが酷く、やむを得ない状況でした。高級賃貸物件に投資するときは、原状回復費用が高額になる覚悟をしておく必要があります。

ところで、入居者の退去が決定したら、空室を埋めるためリーシング活動をすることになります。前途したとおり、オーナーは広告料を負担することになります。広告料の水準は、地域や物件により異なりますが、高級賃貸は賃料が高額となるため、1か月分であっても、決して楽ではありません。

空室による賃料収入の減少、原状回復費用の支出、さらに広告料の支出が重なるため、瞬間的にキャッシュフローが極めて悪化し、借入金の返済に支障がでてしまいます。投資ファンドであれば、金融機関のDSCRテスト（借入金の返済余力を示す指標。契約に定められた基準値を下回るとデフォルト条項に抵触することとなります。詳しく知りたい方は専門書をご参照下さい）にひっかかるおそれもあるため、気が抜けません。

5　AD泥棒⁉

先の広告料（AD）についてですが、リーシングに苦戦しているとき、客付けのモチベーションを高めるため、広告料を2か月に増やすことが行われます。

オーナー側の仲介会社と、入居者側の仲介会社がそれぞれ1か月分の手数料を取れるようにするのです。このとき、入居者側の仲介会社は入居者からの1か月分の仲介手数料に加え、オーナーから1か月分の広告料を取れるので、合計2か月分を報酬として受け取ることができます。

同じ労力で2倍の報酬を得られるため、仲介業者の間では広告料ありの物件が好まれる傾向にあり、なかには広告料ありの物件しか仲介したがらない営業マンがいることも事実です。

広告料を増やすことが、リーシング活動の促進につながる理由はこのためですが、ある意味「劇薬」ですので、使い方を誤るとキャッシュフローの問題を引き起こします。

ところで、ワンルームに比べ高級賃貸マンションは、広告料が高額となり、営業マンからみると「美味しい」物件であることから、思わぬトラブルに巻き込まれてしまうことがあります。

高級賃貸マンションのリーシング活動が苦戦していたことから、一時的に広告料2か月、敷金ゼロ、礼金ゼロのキャンペーンを実施したところ、早期に入居者が決まり安心したのですが、なんと入居1か月目から滞納が発生したのです。

再三の督促にもかかわらず滞納を続け、次第に連絡も取れなくなり、最終的に夜逃げという最悪の結末を迎えてしまったのです。敷金ゼロのため滞納家賃の補填どころか、クリーニング費用も持ち出しとなる始末です。

入居時には、入居審査をおこない、身元の確認をおこなっておりますが、それでもスクリーニングをくぐり抜けてしまうことが起こり得ます。結局、この入居者を客付けした仲介業者からは、広告料の返還を受けられませんでした。

うがった見方ではありますが、当時は、仲介業者と入居者がグルだったのではないかとも考えましたが、真偽の程は定かではありません。入居者にまつわるトラブルは、第8章で後述しますが、仲介業者による入居審査は営業マンにより温度差がありますので、オーナーサイドでも、インターネットで調べられる範囲くらいは事前に調査しておくことをお勧めします。

6 問題入居者で空室続出

賃料水準が高い物件の方が、家賃が格安の物件と比べ、比較的入居者のトラブルが少ないものですが、高級物件でも入居者のトラブルは発生します。かつて、「物音」に非常に敏感な入居者がいたのですが、この入居者には2年近く悩まされ続けました。

入居者の「騒音」によるトラブルは分譲、賃貸問わず、昔から住宅トラブルの典型的な例として挙げられます。真夜中に大声で騒いだり、テレビやステレオを大音量でつけたり、楽器の演奏など、騒音の原因を挙げればきりがありません。近隣住人の騒音で迷惑を受けたことがある読者も少なくないのではないでしょうか。

音に対する感覚は人それぞれですので、どこまでが常識的な許容範囲であるかという判断は非常に難しいことも確かです。しかし、運用物件の入居者は、「音」に対する感覚が人並み以上に鋭敏であったため、小さな物音一つで逐一他の入居者にクレームをいれるため、他の入居者が退去してしまい、空室が増えるという事態にまで発展してしまいました。

賃貸管理会社の担当者や、現地確認中のアセットマネージャーに対しても、無言で、ビデオカメラで録画するなど、何かと問題行動が絶えませんでした。

後々のトラブルを避けるためにも、入居希望者に対して、このような入居者がいる旨を事前に説明したところ、小さな子供がいる家庭からは敬遠されてしまいました。

ただでさえ需要が限定される高級賃貸で、このようなリーシング上の足かせは致命的です。最終的に、法的手続きを経て退去となりましたが、退去後に稼働率が向上したことはいうまでもありません。

「物音」に対する感覚など個人差がある要素については、入居審査の段階では把握しようがありません。収益物件の運用は、「想定外」の要素が非常に多いため、不測の損害を被ることが多々あります。

このようなトラブルも、大家業ならではの醍醐味と割り切れないようでは、大家業は務まらないのかもしれません。

第 8 章

予想外の入居者トラブルあれこれ

第７章でもちょっと触れましたが、不動産投資にあたって、入居者にまつわるトラブルは切っても切れない問題です。

トラブルの典型例が、賃料滞納やゴミ屋敷、騒音といった問題で、空室と並んでオーナーの大きな悩みの種となっています。

この章では、入居者が室内の内装を勝手に変えてしまったという、最近増えてきているケースをいくつか紹介したいと思います。

1 事務所賃貸は要注意

都心のワンルームマンションは、立地がよいことから、1棟のうち、ほとんどが事務所として使用されていることが少なくありません。

中小零細企業、IT系などのスタートアップ起業、士業のオフィス、整体院やネイルサロンといったところです。

都心や観光地へのアクセスがよいマンションでは、民泊も増えてきました。事務所中心のマンションでは、外国人がスーツケースをガラガラ引きずっている姿をよく目にします。

事務所使用が増えてくると、住宅としての需要が少なくなり、マンションがどんどん事務所化していくことになります。日中は住みづらくなりますが、夜や週末はひっそりとしますので、かえって単身者は住みやすいのかもしれませんね。

さて、このような「事務所化」したワンルームマンション、賃貸募集をかけると怪しい会社から申込みが入ることもありますので、入居審査にあたっては住宅以上に注意が必要です。

都内でも有名な事務所マンションを内覧したとき、隣室からもの凄い怒号が響きわたり、びっくりしたことがあります。また、内覧者は温厚で真面目そうな人であっても、入居審査をしたところ、オレオレ詐欺や闇金業者だったという話も少なくありません。

区分所有マンションを事務所で賃貸するときは要注意です。

2　ネイルサロンが夜逃げ

ワンルームマンションの賃貸募集をすると、必ずと言ってよいほど引き合いがあるのが、ネイルサロンや整体サロンといったサロン系のテナントです。

開業のハードルが低い業態で、1人でやるには広い場所を必要としませんので、一見の客相手の商売でなければ、ワンルームマンションはうってつけだからです。ところが、この手の商売は参入障壁が低いこともあり、短期間での廃業率が高く、リーシング後のトラブルが絶えません。

ネイルサロンのトラブルの典型例が、夜逃げ同然の退去です。

ネイルサロンは、清潔感があればよい整体院と異なり、オシャレな空間を演出するため、開業時に数百万円かけて、室内を改装することが一般的です。日々のランニングコストに加え、借入金の返済に追われることになるため、開業当初から贔屓《ひいき》の固定客がいないと、あっという間に資金難に陥り、事業が破綻してしまうのです。

身一つでできる仕事ではありますが、客単価を高めるか、回転率を上げなければ、借入金の返済が追いつかないのは考えてみれば当然です。

ところで、事務所や店舗の場合は、テナントが退去時の原状回復費用を負担すると、賃貸借契約で定められることが一般的です。

しかし、ネイルサロンのような労働集約型の業態では、一度資金が尽きてしまうと短期間でまとまった金額をつくるのは困難となり、原状回復費用を負担する体力が残っていないことが多々あります。

そのため、ネイルサロンに限らず、店舗テナントの夜逃げは決して珍しい話ではないのです。居抜きでネイルサロンに賃貸できるのならよいのですが、ネイルサロンに絞って募集すると、空室期間が長期化してしまうおそれがあります。

汎用性が低い内装であるため、オーナー負担で原状回復せざるを得ないことになってしまうのです。ネイルサロンに限らず、事業用テナントに賃貸するときは、信用力の事前調査を怠ってはいけないのです。

3　整体サロンが勝手にリノベーション

シェアリングエコノミーがビジネスとして注目されておりますが、不動産の世界でもシェアリングエコノミーは進んでいます。

シェアオフィス、シェアハウス、カーシェアリング用の駐車場、民泊等々です。

このようなビジネスは、オーナーも承知のうえで、合法的におこなわれていれば問題ないのでしょうが、最近ではオーナーに内緒で勝手におこない、トラブルになるケースが急増しています。

ワンルームマンションを整体サロンの事務所に賃貸したときに、トラブルに発展したケースを紹介します。

入居者は整体サロンを運営している女性経営者でした。入居時の使用目的は、事務所（作業スペース、事務手続きのための接客スペース）です。

この入居者、いざ入居すると、なんと初月から滞納をはじめます。督促をすると、すぐに賃料を支払いますが、その後も毎月滞納を繰り返しては督促という、無限ループが繰り広げられることとなりました。

　賃料を支払う資金はあるようですが、自動振込の契約を促すと無視を決め込むという、誠意のない対応です。

　1年近く、この不毛なやり取りが繰り返されたため、さすがに温厚なオーナーも堪忍袋の緒が切れました。

「こいつ、何者なんだ！」と、ネットで入居者の名前と屋号でリサーチしてみたところ、悪い評判が続々とでてきます。

　どうやら、サロンを起業しようとする女性相手に、設計やリノベーションを提供するコンストラクションマネジメント的な業務を営んでいるようですが、設計とは全く異なる内装工事を実施、クレームを入れたら逆ギレ、最後は音信不通になるという、筋金入りのトラブルメーカーだったのです。

　このオーナーは、心折れつつも、更にリサーチを続けたところ衝撃の事実が発覚します。なんと、この入居者、4物件ほどワンルームを賃借して、会員を募って時間貸し整体サロンとして運営していたのです。

　ウェブサイトには、立地と独特の間取りから、オーナーの物件とおぼしき物件が掲載されていますが、一見しただけでは、確信がもてませんでした。なぜなら、室内が無許可でリノベーションされていたのです。

床はタイルカーペットからフローリング、壁はキラキラしたクロスに張り替えられ、オシャレな大型の鏡やホワイトボードが打ち付けられています。照明は無機質の事務仕様の蛍光灯から、シャンデリア風な照明に取り替えられています。

届出義務のあるレベルの内装工事でしたので、慌てて、建物管理会社へ問い合わせましたが、工事の届出は提出されておりませんでした。書類上のエビデンスを残さないという意味でも、明らかに確信犯です。

賃貸管理会社を介して入居者に状況証拠を突きつけたところ、賃貸担当者もヒステリーな対応をされたものの、強制退去になることを怖れたのか、滞納はなくなったそうです。

さて、ここまでの話では、「オーナーにとって災難だった」で終わってしまうのですが、このトラブルには後日談があります。

実はこのオーナー、入居者の遥か上をいく「やり手」だったのです。

ウェブサイトに掲載されているリノベーションされた部屋の写真をみた当初は、はらわたが煮えくり返ったようですが、味も素っ気もない単調な部屋を、よくここまでオシャレにしたものだとえらく感心したそうです。

加えて、「退去時に原状回復費用をぶんどって、クリーニングだけしてそのまま貸せば、利回り的にも、リーシング的にも一石二鳥じゃないか」「勝手にリノベーションしたのだから、入居者にも負い目があるはずだ」「儲かりそうなら、シェア整体サロンのビジネスごと引き継いでしまえばいいじゃないか」と、トラブルを逆手にとって、非常に前向きに語ってくれました。

不動産オーナーたるもの、このくらいの逞しさが必要なのかもしれません。

4 住居を勝手にリノベーション

室内を勝手にリノベーションしてしまうのは、何も店舗や事務所だけではありません。

賃貸住宅の場合、入居者が自らの資金でリノベーションをするということは稀ですが（入居者が自由にリノベできることをウリにした賃貸物件も存在しますが、物件数はそれほど多くはありません）、無許可でリノベーションしてしまうトラブルは住居でも起こります。

ただし、店舗や事務所と異なり、賃貸中に気づく機会が少なく、退去時に発覚することが多いため、オーナーとしては心の準備ができていないところに、不意打ちのようなかたちで災難が降ってくることになってしまいます。

ここでは、高級賃貸物件に入居していた、某女優のケースを紹介します。対象物件は、高級賃貸物件のなかでは、比較的安定稼動を続けていた優良物件だったのですが、ある日、同僚のアセットマネージャーが突然唸り声をあげました。

その女優はブロガーとしても有名で、その日のブログのエントリー記事は、仲間と自宅でホームパーティーをしたという、リア充感満載の内容です。しかし、ブログにアップされていた写真を見て、目が点になりました。なんと、室内が勝手にリノベーションされていたのです。明らかに装飾のレベルを超えています。

国土交通省による、平成23年8月付「原状回復をめぐるトラブルとガイドライン（再改訂版）」によると、原状回復とは、「賃借人の居住、使用により発生した建物価値の減少のうち、賃借人の故意・過失、善管注意義務違反、その他通常の使用を超えるような使用による損耗・毀損（中略）を復旧すること」と定義づけられています。

本件のような、経年劣化や通常の使用を超えるようなケースでは、賃借人に原状回復義務が発生するわけですが、実務的にはスムーズに話し合いがおこなわれないことも少なくありません。同僚の心配の種は、煩わしい交渉事が増えてしまったことと、ＰＭ業者が問題に気づいていなかったことにあります。

先の整体サロンのケースにもいえることですが、毎月賃貸管理料を支払っているにもかかわらず、ＰＭ業者が入居者の問題を把握していないことの方が圧倒的に多いのが現実です。

ＰＭ業者の担当者は多忙であるため、いちいち個別の入居者のことを把握していられないというのが本音ではあるのでしょうが、オーナーの立場からすると、見過ごせないトラブルが少なくありません。

過去にトラブルを起こしているなど、気になる入居者については、退去時の対応について「心の準備」をしておく意味でも、賃貸している物件や、入居者のブログ、ＳＮＳを定期的にチェックしておくことも必要なのかもしれません。

ちょっとやり過ぎかな？　とも思いますが、何かあったときに損害を被るのは、他でもないオーナー自身なのです。

5　タワーマンションがメイドカフェに！

都内のＳＯＨＯ利用可能なタワーマンションであった話です。

このマンション、立地がよいため、住居として需要が高いのはもちろんのこと、士業やIT企業などのスモールオフィスとしても人気の物件で、入居者の1割くらいが事務所、もしくはSOHOとして利用しています。

このタワーマンションで思わぬトラブルが発生しました。

事の発端はPM担当者からの1本の電話です。どうも、事務所として入居しているテナントが、勝手に店舗として利用している疑念があるとのことでした。

さっそく、ググってみると、なんとメイドカフェのホームページにたどり着きました。「グレー」であった疑念が「クロ」へと近づきます。いずれにしても、現況を確認し、「クロ」であれば、テナント負担で原状回復させ、即刻退去させる必要があります。

入居者のウェブサイトの求人欄に、「執事募集」とありましたので、担当者に、「執事」に応募した体で店内のデューデリをするよう勧めましたが、テナントの裏切り行為に激怒しており、完全にスルーされてしまいました。

最終的には、PM担当者が現地調査を実施して裏を取り、即退去となりました。室内の内装は簡易なパーティション程度でしたので、傷が浅かったのが不幸中の幸いです。

先の整体サロンにもいえることですが、ネットで集客するビジネスモデルの場合、オーナーに無許可で営業しても、すぐにばれてしまう時代です。

本書はオーナーサイドの立ち位置ではありますが、もしテナントの立場になるときは、無許可で勝手なことをしない方が無難です。

6　マンションの軒先がたこ焼き屋台に！

シェアリングエコノミーのうちの一つで、数年前に注目されたのが、軒先ビジネスです。

1階店舗の軒先や、駐車場などの空きスペースを、休店日や閉店後に転貸するWin－Winのビジネスです。貸す側としては空きスペースの有効活用になりますし、借りる方も固定費がかからないため、双方にとってメリットのある仕組みです。

しかし、この軒先ビジネス、賃借人がオーナーに無断で軒先を転貸すると、思わぬトラブルに発展します。名古屋で運用していた賃貸マンションの管理レポートをチェックしていたところ、添付資料の写真を見て目を疑いました。なんと、エントランスにたこ焼き屋のノボリが掲げられ、屋台が営業をしているのです。

グーグルのストリートビューで確認したところ、管理レポートと同様のたこ焼き屋が営業しています（ストリートビュー撮影時に営業していたのは、たまたまの偶然といえます）。

無断で転貸していたテナントが問題なのですが（悪気があったわけではなく、小遣い銭稼ぎの、軽い気持だったのでしょう）、遵法性が要求されるファンドの運用物件において、たこ焼き屋が営業していることを知りながら、問題なしとレポーティングしてきた管理会社の対応はいただけません。即刻、営業を停止させることになりました。

筆者は、民泊や空きスペース貸し、軒先ビジネスといったシェアリングエコノミーについては、規制緩和して拡充していくことが不動産の有効活用につながるため、積極的に推進していくべきと考えていますが、無断利用についてはお勧めしません。

オーナーに無許可でおこなわれる理由の一つが、シェアリングエコノミー利用によって抜ける「サヤ」が大きいことにあります。

もし、民泊やスペース貸しに自信があるのなら、無用なトラブルを避ける意味でも、賃借にあたり、オーナーに売上連動型賃料を提案するのも面白いかもしれません。成功したときのアップサイドは減ってしまいますが、失敗したときのリスクを限定することにつながります。

第 9 章

リノベーションあれこれ

古い物件のリフォームは珍しいことではありませんが、最近では、室内を一度スケルトンの状態にして、間取りを自分好みに一新する本格的なリノベーションが人気です。

好みやこだわりを追求できる一方、コストがかかるため、採算性の面からマイホーム向きといえますが、収益物件でもリノベーションをおこなうケースが増えてきました。

老朽化した戸建住宅やアパート、室内が荒廃した区分所有マンションを安く購入し、賃貸可能な状態にリノベーションすることにより、収益物件として貸し出すのです。投資総額と利回りの観点から、ボロ物件を好んで投資する個人投資家も存在します。

収益物件のリノベーションについては経済合理性の検証が必要となります。経済合理性の検証にあたって重要なのは、「リノベーション費用を何年で回収できるか」という点につきます。

また、賃貸物件のリノベーションは、投資採算性を重視すべきですが、空室対策として採算度外視で実施されることがあります。間取りが悪く競争力に劣るケース、3点ユニットからトイレ・風呂を分けるケース、洗濯機置場がない部屋に新設するケース、実験的に数室の間取りを変更するケース等々です。

この章では、経済合理性を追求して、ボロ物件をリノベーションしたケースと、真逆のデザインを過度に重視した採算度外視リノベーションのケースを紹介します。

1　リノベーションの経済合理性

例えば、500万円のボロ物件を購入し、200万円かけてリノベーションしたとします。家賃が10万円であれば、投資総額の回収に5.8年かかります（設例1）。

説明の関係上、経費は考慮外としますが、200万円のリノベーション費用は、追加投資というよりは初期投資というイメージです。ボロボロの状態では、とても賃貸できる状態ではないからです。

■設例1　ボロ物件の回収期間

（500万円＋200万円）÷（10万円×12か月）≒5.8年

投資採算性の検証で、勘違いしやすいのが、家賃を上げるためにリノベーションするケースです。

家賃を8万円から10万円に、2万円増額するため、100万円かけてリノベーションしたとします。このとき、100万円の追加投資を10万円の家賃で回収するため、10か月で回収できるというセールストークに騙されてしまう人が少なくありません（設例2－1）。

■設例2－1　誤った回収期間

100万円÷10万円／月＝10か月

もともと8万円の家賃であったため、リノベーションの経済効果は増額した2万円です。リノベーション費用の100万円を、増額した2万円で回収するという考え方になりますので、回収期間は4.1年となります（設例2－2）。

■設例2－2　正しい回収期間

100万円÷（2万円×12か月）≒4.1年

設例1のケースでは、投資総額を5.8年という期間で回収できるため、不動産投資としては比較的短期間で投資元本を回収できますが、設例2－2のケースでは、追加投資の回収に4.1年も要するため、投資効率という観点から、十分検討する必要があります。

個人投資家によるリノベーション失敗の典型例は、リノベーションの目的が、空室対策なのか、賃料増額なのかがごっちゃになってしまい、結果として投資採算性を欠いたリノベーションをおこなってしまったというケースです。

収益物件のリノベーションは、費用対効果を重視しなければなりません。

2 デザイン重視の全面ガラス張りのリノベーション

空室対策のため、1棟マンションのうち、最上階の1室をリノベーションしたケースを紹介します。対象となる部屋は、全面ガラス張りで眺望が抜群な角部屋でしたので、凝ったデザインにリノベーションすることにより、物件の宣伝効果はもちろんのこと、賃料増額も期待できました。

古臭いガラス窓を、デザイン性に優れたガラス面が広いガラス窓に取り替え、いったんスケルトンにして間取りを変更、設備も一新しました。リノベーション前より高い賃料で募集を開始したところ、内覧者の引き合いは抜群で、当初想定していた賃料よりも高い賃料でリーシングすることができました。

しかし、賃貸後、想定外の問題が発生したのです。ガラス部分を広くしたため、真夏の室温が異常なほど高温となり、常時エアコンを稼動させないと、とても人が暮らせる環境ではありません。もともと、真夏の室温が高いという問題はあったのですが、ガラス面を広くしたことが裏目に出てしまったのです。デザイン性にすぐれたオシャレな部屋で、冬場はエアコンなしでも生活できるという利点もありましたが、真夏の室温がネックとなり、結果として、高い賃料を維持することが困難となってしまいました。多額なリノベーション費用をかけていますので、回収には長期間を要することになってしまったのです。

リノベーションというと、どうしてもデザイン性ばかりが注目されてしまい、実用性の観点からの検証を欠いたまま実施してしまうことが少なくありません。

また、デザイナーは良くも悪くも「職人」気質の方が多く、実用性については全く考慮されていないケースも存在します。

リノベーションを実施するときは、見栄えだけでなく、自分が住む観点での検証を忘れてはいけません。

3　築古マンションのリノベーション

リノベーションは、築古の物件でこそ、その威力を発揮します。

3点ユニットをセパレートに変更、事務所使用がメインであれば、ユニットバスを撤去して執務スペースを拡張、あるいはシャワールームにするなど、オシャレな空間を演出するだけでなく、実用性の面でも、使い勝手を向上させることができます。

一方、築古マンションや団地については、今後、建替えが増えていくと想定されます。

特に、容積率に十分余裕がある物件や、エレベーターのない物件のなかには、建替えの話が進行中であることも少なくありません。都内の築古団地の売り物件のなかには、既に建替えが決定している物件も散見されます。

まとまった資金を投じたものの、投下資本の回収前に建替えとなってしまうことのないよう、十分に留意しなければなりません。

多額のリノベーション費用を投下したものの、建替えとなり、さらに立替費用の一部負担を強いられることになると、泣くに泣けない状況となってしまいます。

リノベーションは「夢やロマン」ではなく、あくまでも「投資」と割り切り、投下資本の回収可能性について、シビアに検証したいところです。

投資採算性を欠くリノベーションは、もしかしたら気持は満たされるかもしれませんが、財布は満たされないという、収益物件のオーナーとして、あってはならない状況に陥ってしまいます。

4　デザイン重視の果てはデザイナーズマンション？

遊休土地の有効活用というと、アパート建築が一般的ですが、デザイナーズマンションを建築してしまったケースを紹介します。リノベーション事例ではありませんが、デザイン重視の失敗例として参考になるのではないでしょうか。

デザイナーズマンションは、ありきたりのアパートと比べ、良くも悪くも「個性」があります。個性が強いがゆえに、好き嫌いがはっきりしますので、一般受けしないという短所がありますが、一定の層の需要が見込めるという長所もあります。

ただし、個性が最大のウリですので、物件の立地、環境にフィットしていなければなりません。郊外の片田舎にデザイナーズマンションを建てたとしても、入居者も賃料も見込めないからです。

さて、デザイナーズマンションの失敗例に話を移します。

物件が所在するのは山手線の人気駅から徒歩15分、駅から若干遠いというデメリットはありますが、住環境のよい閑静な住宅街です。物件はメゾネットタイプのコンクリート打ちっぱなし、外観はデザイン性に優れています。それもそのはず、この物件の設計会社は、リノベーションの世界では知らない人がいないといわれる有名な会社だったのです。

一方、リーシングには想像以上に苦戦することになります。メゾネットタイプで賃貸面積が広いため、単身者用マンションとしてはやや賃料が高くなってしまうというデメリットがありましたが、一番のネックは内装です。

玄関のドアを開けると、全面ガラス張りのバス・トイレが視界に飛び込んでくるのです。開放感はありますが、一般的な間取りに慣れた人にとっては、違和感が勝ります。バス、トイレが外から丸見えなので、入居者が一人で生活するなら問題ないのでしょうが、来客の際のトイレの使用など、デリケートな問題を抱えています。また、設備が特殊であるため、取替時の原状回復費用が割高となってしまうのです。

さらに、コンクリート打ちっぱなしのメゾネットタイプは、アパートやマンションと比べると、夏は非常に暑く、冬は非常に寒いという生活面での問題が発生します。

デザイナーズマンションは、実需目的であれば、自分好みの物件に住めるという満足感を得ることができるため、前述したデメリットがあったとしても、必ずしも悪いとは言い切れませんが、利回り重視のオーナーの立場からみると、デザイン性と収益性の相関関係が高いとはいえず、投資額に対する期待リターンがそれほど見込めません。

マイホームに代表される新築マンションのように、モノだけみると魅力的に映ってしまいますので、オシャレなデザインに判断を惑わされず、常に経済合理性の観点から判断したいところです。

第10章

最後にちょっとお得な豆知識

ここまで、不動産投資の失敗例を取り上げてきましたが、不動産投資をリスクの高い危険なものと否定しているわけではありません。不動産は、株やFXほどのアップサイドはないかもしれませんが、やり方次第では手堅い投資となり得ます。

これまでの説明のとおり、不動産投資は資金力が豊富なほど有利な立場での取引が可能です。富裕層には、「ゴミ投資家」にはまわってこないような「未公開物件」の情報がまわってくるかもしれませんし、ファイナンスが不要であれば、厳しい指値も可能となります。

過度なレバレッジをかける必要もありません。リスクの高い取引にさえ手を出さなければよいのです。

この章では、投資家としては圧倒的「弱者」の立場である、個人投資家が比較的簡単に実践できる、ちょっとお得な豆知識を紹介したいと思います。

1　事務所賃貸と消費税

居住用の建物であっても、「事務所」として賃貸した場合、消費税が課税されます。

ここでの「事務所」とは、賃貸借契約上、「事務所」として賃貸していることをいいます。したがって、契約上は「住居」であるものの、入居者が勝手に「事務所」として使用しているケースは、「住居」として取り扱われ、消費税は課税されません。

ここでは、消費税法についての詳しい説明は避け、シンプルに説明したいと思います。「住居」の賃料は非課税ですので、投資物件がワンルームマンション1室や、1棟マンションの場合、通常は免税事業者になります（消費税還付を目的に課税事業者を選択しているケース等は除きます）。

（一部の）部屋を事務所として賃貸した場合、消費税の8％が益税となり、まるまる大家の懐に入ることになるのです。消費税分だけ利回りがアップするため、出口価格の上昇にもつながります。

ただし、ワンルームマンションの場合、事務所としての使用が禁止されていることがありますので、事前に管理規約等で確認するのを忘れてはなりません。ちょっと（かなり？）「せこい」ワザではありますが、用途が住居から事務所に変わっただけで、賃料が８％も増額するのです。

リノベーションのように、多額の追加投資も不要です。１円も使わずにできる、これだけ経済効果の高いバリューアップは他にないのではないでしょうか。

事務所としての賃貸は、リーシングプランのオプションとして、検討する価値があるのではないでしょうか。ワンルームマンション投資の検討の際は、事務所使用が可能かどうかの事前確認も重要です。

2　固定資産税の不思議　その1　賦課課税方式の落とし穴

固定資産税は賦課課税方式（市町村が納付税額を計算して納税者に通知する方式）がとられていますので、計算プロセスを意識することはほとんどありません。

納付書が届いたら、何の疑いもなく納税しているのではないでしょうか。しかし、計算ミスにより、思わぬ損失を被っていることがあるのです。

不動産の所有者の手元に届く納税通知書や課税明細書には、税額、評価額、課税標準額といった金額は記載されていますが、肝心の計算プロセスが明示されておりません。言ってみれば、税額の計算根拠がブラックボックスになっているのです。万が一、計算プロセスに誤りがあったとしても、長年気づかないまま放置されているといったことが起こり得るのです。

過去に、不動産ファンドが保有していた物件の固定資産税のレビューをしたことがあります。計算プロセスを調べたところ、なんとそのうちの数物件について、固定資産税が過大に課税されていたのです。具体的には、都市計画道路の負担や不整形といった、評価にあたって減額すべき要因が見落とされていたのです。当然のことながら、争う余地なく固定資産税が減額されることになりました。

最近は、所有者の納税意識が強くなったこともあり、このような見落としは少なくなってきているとは思いますが、分筆や合筆などにより、常に不動産の現況は変化を続けているため、一定数の見落としは避けられないのが現実ではないでしょうか。お持ちの不動産の固定資産税について、一度チェックしてみるのもよいかもしれません。

3　固定資産税の不思議　その2　とばっちりで税額アップ

固定資産税は「登記」ではなく、「現況」を基に課税されます。

登記上は「居宅」であっても「事務所」として使用していれば「非住宅」、登記上「事務所」であっても「居宅」として使用していれば「住宅」として扱われます。現況を基に課税されるため、気をつけないといけないのは、先の事務所として賃貸するケースです。

固定資産税や都市計画税には、「小規模住宅用地の特例」という規定があり、200㎡以下の住宅用地については、固定資産税（正確には税額算定の基礎となる価格）が6分の1、都市計画税が3分の1となる規定があります。

この規定のため、ワンルームマンションの固定資産税や都市計画税は、都心の物件であっても利回りを著しく阻害するまでの負担にはなりません。

しかし、この特例は、部屋ごとに適用されるのではない点について注意しなければなりません。1棟の建物の「住宅」、「非住宅」割合を基に算出された敷地全体の税額が各区分所有者に按分されるのです。

このため、ワンルームマンション1室のオーナーが「住宅」として使用（賃貸）していたとしても、他のオーナーが「事務所」として使用（賃貸）することにより、住宅として使用（賃貸）しているオーナーにとっては、特例による減額効果が薄れてしまい、税額が跳ね上がってしまうことがあるのです。

「真面目」に住宅として使用しているオーナーには酷な話ではありますが、自分ではコントロールが効かないところで、税額が増えてしまうことが起こり得るのです。事務所として賃貸するとき、もしくは実質的に事務所として使用されているワンルームを購入するときは、事前に固定資産税の確認をしっかりと確認しておきたいところです。

なお、東京23区では、「小規模非住宅用地に対する固定資産税・都市計画税の減免」の規定により、事務所として使用していたとしても、一定の条件を満たすと、固定資産税や都市計画税の2割が減免され、平成29年度についても実施されています。

現在保有している部屋（事務所）で、この減免が適用されている場合、今後この規定が廃止されると、将来的に利回りが下がってしまいます。不意打ちをくらわないよう、資金繰りや出口戦略について心の準備をしておきたいところです。

なお、都心の築30年くらいのワンルームマンションの固定資産税は、住宅であれば概ね3～4万円くらいですが、事務所使用の場合、10万円を超えることも珍しくありません。

事務所として賃貸するのなら消費税である程度はカバーできますが、住宅として賃貸する場合、利回りを引き下げる要因になりますので、出口価格にも影響を及ぼします。

ワンルームマンション投資というと、素人でも簡単にできるイメージがありますが、固定資産税一つとっても、なかなか奥が深い世界なのです。

4　アセットマネジャー的自主管理のすすめ

不動産の運用にあたっては、テナント管理、リーシング、維持修繕や原状回復工事、清掃など、様々な局面で管理業務が発生します。

不動産オーナーの多くは、何らかの形で管理を業者に任せているのではないでしょうか。稀に、これらの管理を全て自分で行う、いわゆる「自主管理」をしているオーナーもいます。

自主管理は、当然コスト面では最も優れていますが、その分、手間暇がかかり、自分の時間を取られることになりますので、必ずしも経済合理的とはいえません。

自主管理の対局にあるのが一括管理です。一括管理では、オーナーの手間はほとんどかからないため楽ちんですが、管理がブラックボックスになってしまい、コスト面では割高になってしまうというデメリットがあります。

原状回復工事や修繕費、エアコン等の設備の取替えについて、相見積もりを取らず、管理会社のグループ会社に発注しますので、明らかに割高な見積もりをみることがよくあります。オーナーに対する同情の念を禁じえません。

自主管理も一括管理も、「帯に短し襷《たすき》に長し」といった具合ですので、どちらが良いかとは一概には言えません。よって、折衷案というわけではありませんが、自主管理と一括管理のイイトコ取りをしてしまえばよいのではないかという発想が生まれます。

手間やコスト、技術面でオーナー自らおこなうには費用対効果の低い作業、具体的にはリーシングや原状回復工事などは個別に業者に発注し、オーナーは各局面で判断をおこない、指示をだすといった具合です。不動産ファンドのアセットマネジャーのようなイメージです。

一括管理をしているオーナーにとって、最初はハードルが高いかもしれません。不安もあるし、失敗をすることもあるでしょう。

しかし、「大家力」を鍛えるには、地道なトライアンドエラーの繰り返しは避けて通れません。原状回復工事一つとっても、クロスや床、鏡の交換費用などの相場の感覚も、知らず知らずに身につきますので、長期的なスパンでみれば、明らかに経済的なメリットが見込めます。

賃料相場をきちんと把握することにより、フットワークの悪い仲介業者や、早く決めたいがために、相場より安い賃料で埋めようとする業者を見分けることができるようになります。実際、空室になり、早期に募集活動を開始しないといけないにもかかわらず、募集開始を1か月以上放置するような営業マンにでくわしたことがあります。

下手なリノベーションや節税対策に手を出すよりも、自ら管理の一部をおこない、「大家力」を身につけることこそが、不動産投資成功のための近道です。

5　スペース貸しを有効活用

シェアリングエコノミーといえば、真っ先にAirbnb《エアビーアンドビー》をはじめとした民泊を思い浮かべると思います。

民泊の場合、旅館業法や管理規約といったコンプライアンス面や、顧客とのやり取り、室内の清掃やリネンの補充など、クリアすべきことが多いため、比較的「大家力」の高いオーナーにとっても、心理的ハードルは決して低いとはいえません。

大家力の高いオーナーは、不動産投資のリスクを知っているがゆえに敬遠してしまい、シェアリングエコノミーを牽引しているのは、むしろ、これまで不動産投資に馴染みのなかった層が中心になっている印象があります。予備知識がないが故に、ノリと勢いで突き進んでいけるのです。

とはいえ、旅館業法の問題だけでなく、家具などのイニシャルコストや、運営会社に対するコスト、外国人宿泊客によるトラブルがネックとなり、一歩踏み出す障害は少なくありません。

民泊はちょっと不安だけど、空いた時間、空いたスペースを有効利用したいという需要を満たすべく生まれたのが、最近注目されはじめてきたスペース貸しです。

自宅、オフィス、スタジオ、映画館から結婚式場まで、遊んでいるスペースを、貸したい時間、貸したい料金を設定して貸しだすことができるのです。

まだビジネスとして成熟していないため、盗難や室内の破損に対する保証について明確な規定はなく、性善説を前提におこなわれているため、リスク管理についての問題はつきまといますが、空きスペースの有効活用として、有力な選択肢といえるのではないでしょうか。

時間貸となるため、民泊のように運営業者を通じて鍵のやり取りをおこなうとなるとコスト的にあわなくなってきますので、スマートロックを使用するなどの工夫は必要にはなるかと思います。

スタートアップベンチャーの運営業者だとちょっと不安だという人は、予約システムを盛り込んだ集客用サイトを作成し、FacebookやInstagramといったＳＮＳやtwitterを活用して、自ら集客するという選択肢も考えられます。

運営業者への手数料もかかりませんし、他の物件に埋もれることもありませんので、集客に自信のある方や、エッジの効いた物件であれば、やり方次第で空きスペースを、収益力の高いスペースに生まれ変わらせることができるのではないでしょうか。

6　法人を活用するメリット

法人を活用するスキームは、かつては富裕層の専売特許でしたが、最近では、一定規模以上の不動産投資をおこなっているサラリーマン大家が法人を設立し、その法人で不動産投資をおこなうケースが増えてきました。

「法人」の活用というと、ちょっと神秘的な印象を受けますが、特別すごいことをしているわけではなく、大きな目的は所得の分散です。

所得税は累進課税になっているため、比較的高給の人が個人で不動産を所有すると、かえって税金が増えてしまうといった事態になりかねません。

よって、不動産を法人で所有することによって、所得の分散をはかるのです。一定規模以上のサラリーマン大家になると、法人の活用を検討する余地がでてくるのです。

累進課税とは、所得が増えるにしたがって税率が高くなる仕組みで、税率は5％～45％の7段階に区分されています（**図1**）。

所得税に加え、復興特別所得税（原則としてその年分の基準所得税額の2.1％）と住民税10％が課税されますので、所得が4000万円超になると、税率は55％（復興

【図1】所得税額の速算表（平成29年4月1日現在）

課税される所得金額	税　率	控除額
195万円以下	5％	0円
195万円を超え330万円以下	10％	97,500円
330万円を超え695万円以下	20％	427,500円
695万円を超え900万円以下	23％	636,000円
900万円を超え1,800万円以下	33％	1,536,000円
1,800万円を超え4,000万円以下	40％	2,796,000円
4,000万円超	45％	4,796,000円

特別所得税は考慮外とします）となり、所得の半分以上を納税することになります。累進課税は、高所得者層が日本を離れ、香港やシンガポールに移住する原因の一つとなっています。

一方、法人税の実効税率は約33％ですので、ざっくりではありますが、所得が９００万円を超える場合には、個人で不動産を保有するよりも、法人で不動産を保有することを検討する余地がでてくるのです。

次に、地主とサラリーマン大家を例に、法人で不動産を保有する形態をみていきます。

7　法人を活用するケース　その1
地主にみられる相続税対策

地主の、法人活用の典型例は、主に相続となります。賃貸アパー

【図２】

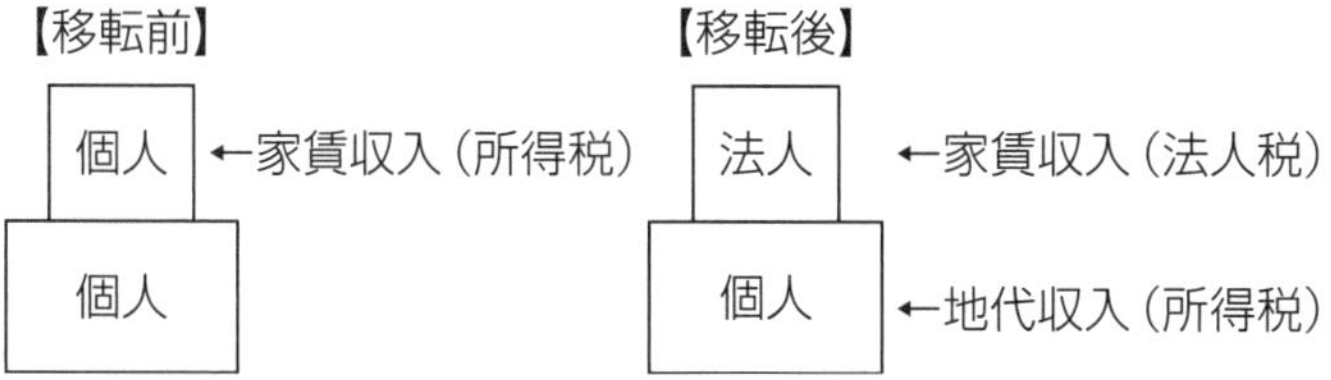

トなどの収益物件を保有している場合、土地建物のうちの建物のみを個人から法人に移転（売却）します（図2）。建物の移転により、個人の収入であった家賃収入が、法人の収入となります。また、土地は個人所有のままであるため、法人から個人へ地代の支払いが発生します。

建物移転により、移転前は家賃収入に対して所得税が課税されていましたが、移転後は家賃収入に対して法人税、地代収入に対して所得税が課されることになります。結果として、建物を移転することにより、トータルの税額が安くなる場合があるのです。

不動産の世界では、完全所有権が最も価値が高いとされるにもかかわらず、土地を個人（地主）、建物を法人（同族会社）が所有するといった、権利関係が複雑なケースをみかけることがありますが、相続税対策のためであることが考えられます。

8 法人を活用するケース その2 経費計上を狙うも法人化は万能ではない

運用資産が一定規模を超えたサラリーマン大家のなかには、法人で不動産を保有するケースが増えています。

サラリーマン大家の場合、個人から法人に物件を移すという地主のケースと異なり、当初は個人で不動産投資をおこない、一定規模を超えたタイミングで法人を設立し、以降、法人で不動産の購入を行うケースが一般的です。

したがって、法人設立後は個人で保有している不動産、法人で保有している不動産に区別されることになります（図3）。

サラリーマン大家の場合、所得税と法人税の税メリットだけでなく、法人化することにより経費計上できる範囲を増やしたいという思惑も少なからずあろうかと思います。

地主、サラリーマン大家ともに、法人を活用することによって節税につながるケースもありますが、法人化は両刃の剣です。法人の設立コストやランニングコストなどを考慮すると、かえってコスト倒れになってしまったという例も少なくありません。法人を活用するときは、慎重に検討することが必要です。

【図3】

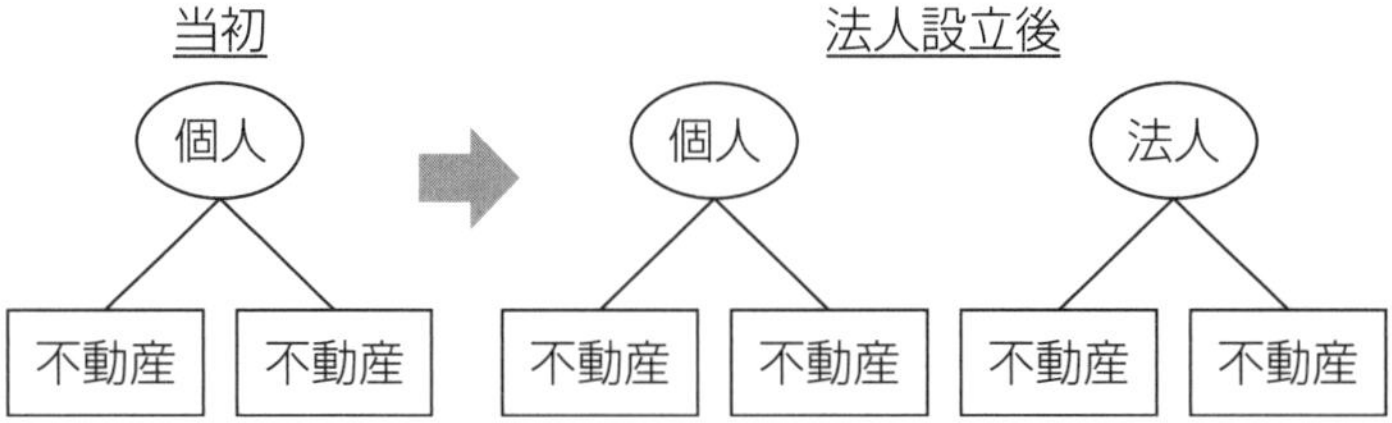

9 短期返済のすすめ

借金の好き嫌いはさておき、投資で大きな成果を達成するにはレバレッジを効かせることは避けて通れません。しかし、過度なレバレッジによるリスクは、第5章で述べたとおりです。

とはいえ、余程のお金持ちでなければ、不動産を現金で一括購入などできるわけもありません。サラリーマンが、不動産を現金一括購入するには、株やFXでドカンと稼ぐか(手痛い失敗をしてしまったら、明日からホームレスですが)、退職金を手にするまで地道に定年まで勤め上げるしか選択肢はありません。

いずれにしても、多額の現金を手にするまでの間、お宝物件を発見したとしても、黙って指をくわえていることしかできません。

世の中には、借金どころかクレジットカードすら使用しない「現金主義」を貫きとおす人もいますが、金融機関から借入をおこなうことによって、このような機会損失を避けることができるので、借金そのものが「悪」だと決めつけてしまうのは早計です。

自分のコントロールできる範囲内で、他人のお金をうまく利用すればよいのです。とはいえ、理屈はわかっていても、なかなか割り切れないのが人情というものでしょう。そこで、「臆病者」の借金活用法について考えてみたいと思います。

個人がレバレッジをかけた不動産投資で失敗する典型例が、住宅ローンによるマイホームの購入です。

何千万円という大金を、長期ローンで借り入れるため、その間に職を失ったり、金利が上昇したりといったリスクを一身に背負うことになるためです。逆にいうと、「実質的」な借入期間が短ければ短いほど、リスクを減らすことができるのです。

短期返済スキームはいたって単純です。最初はワンルームマンションのような少額の物件を、借入比率70％くらいで購入します。融資でのポイントは、毎月のキャッシュフローに余裕をもたせるため、「長期」かつ「低金利」で調達することにつきます。そして、運用期間中、収益物件からの手残りと、給与所得から繰上げ返済をおこない、完済後に2物件目を購入、2物件目の完済後に3物件目……と続けていくのです。

この方法は、最初の1物件を完済するまでが最も大変ですが、2物件目、3物件目と物件数が増えていくにつれて、返済スピードが加速していき、雪だるま式に物件が増えていきます。給与所得からの返済負荷が減り、経済的にも精神的にも余裕がでてきます。

メガ大家のように、短期的に「不動産投資でリタイア」はできませんが、地道に資産を増やしていくことができるのです。

もっとも、この短期返済スキーム、借入金を最大限利用して投資効率を向上させることを志向とする「投資のプロ」からは賛同されません。

繰上げ返済により、次第にレバレッジが低くなり、投下資本に対する利回りを低下させてしまうからです。また、「投資」と「労働」が混在してしまい、手元に残るキャッシュが繰上げ返済によりかえって減ってしまうため、何のために投資をしているのか分からなくなってしまうからです。

「不動産投資でお金持ち」といった、よくあるキャッチフレーズの対極にある手法といえますが、破綻リスクの低い堅実な戦略といえるのではないでしょうか。

10　不動産投資は大胆かつ臆病に

不動産マーケットは、経済状況によって環境が全く異なります。

不況時は、利回りのよい物件でも、誰にも見向きもされず放置されていることが珍しくないため、比較的じっくりと吟味することができますが、景気のよいときは、多少利回りが悪くても瞬間蒸発してしまいます。

「これは！」と思った物件に出会ったときは、もじもじ悩んでいる時間はありません。リスク分析を怠ってはいけませんが、時には「えいや！」で決めてしまう大胆さも大切です。

不動産の購入にあたって、即断即決できる大胆さを身につけるには、普段から情報収集を欠かさず、数多くの物件を内覧することに尽きるのではないでしょうか。

物件の立地、築年、環境を肌で覚え、家賃や敷金、礼金といった賃貸相場を把握することによって、利回り感が自然と身についていきます。日々の地道な積み重ねによって、チャンスが訪れたときに大胆な行動をとることができるのです。

マイホーム購入を希望しているものの、あれこれさんざん調べた挙句、良い物件を見つけても他にもっていかれてしまうといったことを5年以上繰り返していた知人から、相談を受けたことがあります。

スポンサー（両親）からの資金援助により、現金一括購入できるという極めて有利な立場であるにもかかわらず、営業マンからも「買う買う詐欺」なんじゃないかと、サジを投げられてしまったのです。

築古の戸建住宅を購入しようとしたときは、自己負担で耐震診断までしたものの、もたもたしていたら、他の買付けが優先されてしまう結果となり、さすがに意気消沈していました。

購入を検討している地域の地盤を、隅から隅まで調べ尽くすという姿勢は、専門家も見習うべきですが、いかんせんスピード感が足りません。筆者からの指摘はその1点に尽きました。

その後、海外転勤を経たので、しばらく時間はかかりましたが、満足いく物件を購入することができました。購入時のスピード感は、プロ顔負けですので、最後に紹介したいと思います。

金曜日の20時過ぎ、そろそろ仕事をあがろうかというとき、知人に営業マンから物件紹介の連絡がありました。その場で翌日の朝一番に内覧を予約。帰宅後、深夜まで、物件の相場や周辺環境を調査。朝一番で内覧したところ、希望にピッタリの物件でしたので、なんとその場で買付けを入れたのです。

実際、同日の午後に2組の内覧があり、その2人からもすぐに買付けが入ったそうで、結果としてスピード感のある行動が勝敗を決したのです。やっと知人の「長い戦い」が終結を迎えたのです（本人は、物件探しの楽しみがなくなったとボヤいていますが……）。

この話は、ちょっと極端な例かもしれませんが、不動産購入にあたっては、臆病と大胆という、相反する性格を兼ね備える必要があることがわかっていただけたのではないでしょうか。

おわりに

筆者のまわりには、不動産ファンドのアクイジションやアセットマネージャー、不動産ファイナンス、物件仲介、立場は異なりますが、不動産業界でプロとして活躍している方が多数います。

職業柄、自ら不動産投資をしている方も少なくありません。その道のプロということもあり、身近で失敗したという話は耳にしたことがありません。

面白いことに、区分マンションを好む者もいれば、1棟ものを好む者もおり、最近では、京都や金沢に土地を購入し、ゲストハウス投資を手がけている者もいます。

ファイナンス面では、フルローンを好む者もいれば、無借全経営を好む者もいます。ハイレバレッジだからといって失敗するとは限りませんし、全額自己資本でも一定の利回りを確保することができるのです。

成功しているプロの手法一つとっても、投資対象や投資スタイルは千差万別です。ここから学ぶべきことは、成功するプロセスは多様に存在し、唯一無二の法則などないということです。

ただし、分析してみると、ある共通点があることに気付きました。みな、利回り（価格）と経費に対して非常にシビアなのです。無理に高値づかみしませんし、ボッタクリの見積もりに対して、徹底的に戦います。少しでも利回りを高めるための、気合と根性が半端ではありません。


一方、本書で紹介したように、失敗するときは、大抵お決まりのパターンということが少なくありません。よって、失敗の法則性をおさえ、しっかりと対策することにより、少なくとも、手痛い失敗を避けることは可能となるのです。

先のプロ達は、成功しているというよりも、むしろ、失敗していないだけなのかもしれません。


繰り返しになりますが、成功の法則は一つではありません。「カリスマ投資家」を模倣する必要などまったくありませんし、他人と方法論が異なるからといって心配することなどありません。

自分の性格や、環境にあったスタイルを確立していけばよいのです。とはいえ、意固地にならずに、良い意見をどんどん取り入れていきましょう。

本書で紹介した内容は、今日からすぐに実践できるものばかりです。この本が少しでもお役にたてるのであれば幸いです。

最後になりましたが、本書の企画時から貴重なご助言をいただいた株式会社中央経済社取締役常務秋山宗一氏には、心より感謝申し上げたいと存じます。

2017年12月吉日

佐々木重徳

〈著者紹介〉

佐々木重徳（ささき　しげのり）

不動産鑑定士、税理士、宅地建物取引士
1997年 法政大学法学部政治学科卒業
2001年不動産鑑定士登録後、太田昭和アーンストアンドヤング株式会社（現EY税理士法人）を経て、モルガン・スタンレー証券会社（現モルガン・スタンレーMUFG証券株式会社）入社。収益用不動産に対するノンリコースローンの融資・証券化業務に携わる。その後、米系投資ファンド、アジリティー・アセット・アドバイザーズ株式会社にて不動産及び不良債権投資、アセットマネジメント業務に従事する。マンション、高級賃貸マンション、オフィス、商業施設、ホテル、物流施設、介護施設等、携わった案件は多岐にわたる。

アセットマネジャーの着眼力

間違いだらけの不動産投資

2018年３月15日　第１版第１刷発行

著　者　佐　々　木　重　徳
発行者　山　本　継
発行所　㈱　中　央　経　済　社
発売元　㈱中央経済グループパブリッシング

〒101-0051　東京都千代田区神田神保町1-31-2
電話　03（3293）3371（編集代表）
03（3293）3381（営業代表）
http://www.chuokeizai.co.jp/
印刷／三　英　印　刷　㈱
製本／誠　製　本　㈱

＊頁の「欠落」や「順序違い」などがありましたらお取り替えいたしますので発売元までご送付ください。（送料小社負担）

ISBN978-4-502-25401-7　C3034

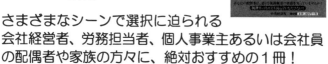